급수 한자 8급~6급 완벽 준비

초등한자 따라쓰기

하루 한장의 기적

동양북스 콘텐츠기획팀 지음

동양북스

나의 꿈, 나의 계획

나는 _____ 한

_____ (이)가 될 거예요.

건강 목표

생활 목표

공부 목표

이 책은 이렇게 쓰세요!

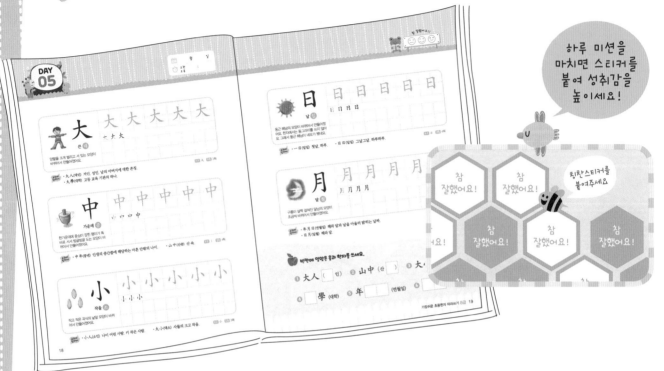

하루 미션을 마치면 스티커를 붙여 성취감을 높이세요!

:: 매일매일 한 장씩 공부 습관을 만들어요!

초등 기초 한자 300자를 하루 5자씩 따라 쓰며 60일 동안 익히는 마스터플랜으로 구성되어 있습니다. 또 동영상에 나오는 노래를 따라 부르면 그날 배운 한자를 술술 쉽게 익힐 수 있습니다.

:: 초등 교과서 한자어를 재미있게 익혀요!

국어사전을 찾아보면 우리말 70% 이상이 한자어로 되어 있습니다. 교과서에 나오는 단어도 대부분 한자어로 되어 있어서 한자를 공부하면 낱말과 문장의 이해력이 높아져 교과 실력도 쑥쑥 자라납니다.

그날 배운 낱말로 끝말잇기를 하며 교과서 한자어를 재미있게 복습하세요!

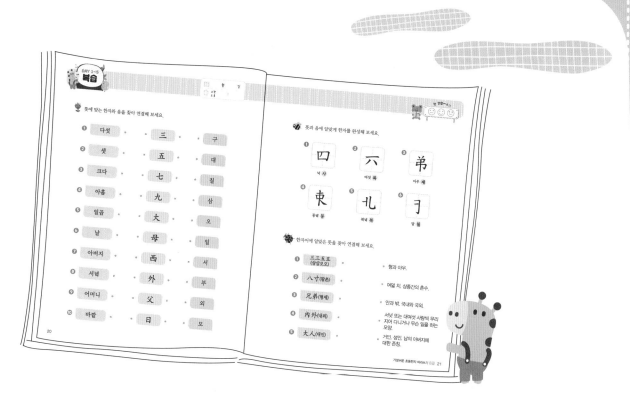

:: 한자를 따라 쓰고 복습 문제를 풀어 배운 내용을 복습해요!

일주일에 한 번씩 그 주에 배운 내용을 복습하며 자신의 실력을 점검할 수 있습니다. 줄 잇기, 채워 쓰기와 같은 쉬운 형식으로 부담 없이 복습할 수 있습니다.

:: 급수별 연습 문제로 한자 급수 시험도 준비해요!

한자의 독음 쓰기, 단어와 음에 알맞은 한자 찾기, 한자어 쓰기 등 실전 문제 형식으로 8급에서 6급까지의 한자 급수시험을 차근차근 준비할 수 있습니다.

한자 급수 취득은 한자 학습의 동기를 부여하고 교과 학습의 바탕이 됩니다.

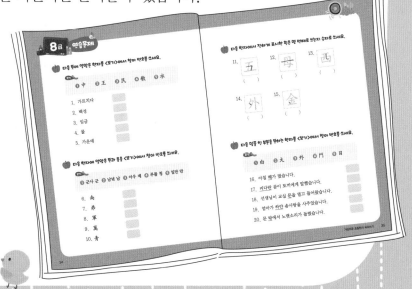

 한자는 이렇게 쓰세요!

- 상하 구조의 것은 위에서부터 아래로 씁니다.

- 좌우 대칭형의 것은 가운데를 먼저 쓰고, 좌우의 것은 나중에 씁니다.

- 글자 전체를 관통하는 세로획은 맨 마지막에 씁니다.

- 좌우 구조의 것은 왼쪽에서부터 오른쪽으로 씁니다.

北 → 北 → 北 → 北 → 北

- 내외 구조의 것은 바깥의 것을 먼저 쓰고 안의 것은 나중에 씁니다.

四 → 四 → 四 → 四 → 四

🐦 목차

8급 한자 모아보기

校	教	九	國	軍
학교 교	가르칠 교	아홉 구	나라 국	군사 군
金	南	女	年	大
쇠 금, 성 김	남녘 남	여자 녀	해 년	큰 대
東	六	萬	母	木
동녘 동	여섯 륙	일만 만	어미 모	나무 목
門	民	白	父	北
문 문	백성 민	흰 백	아비 부	북녘 북, 달아날 배
四	山	三	生	西
넉 사	메 산	석 삼	날 생	서녘 서

先	小	水	室	十
먼저 선	작을 소	물 수	집 실	열 십
五	王	外	月	二
다섯 오	임금 왕	바깥 외	달 월	두 이
人	一	日	長	弟
사람 인	한 일	날 일	길·어른 장	아우 제
中	靑	寸	七	土
가운데 중	푸를 청	마디 촌	일곱 칠	흙 토
八	學	韓	兄	火
여덟 팔	배울 학	한국·나라 한	형 형	불 화

월   일

오전
오후   :

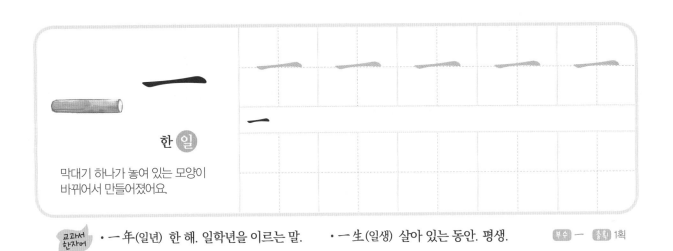

한 **일**

막대기 하나가 놓여 있는 모양이
바뀌어서 만들어졌어요.

교과서 한자어 · 一年(일년) 한 해. 일학년을 이르는 말. · 一生(일생) 살아 있는 동안. 평생. 부수 一 총획 1획

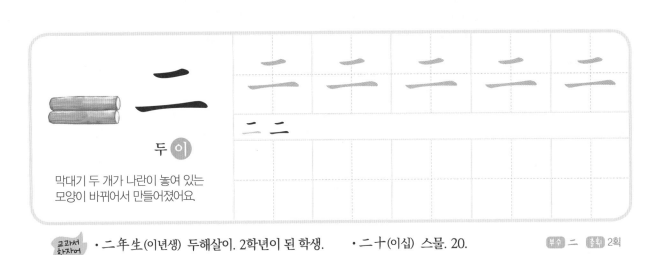

두 **이**

막대기 두 개가 나란히 놓여 있는
모양이 바뀌어서 만들어졌어요.

교과서 한자어 · 二年生(이년생) 두해살이. 2학년이 된 학생. · 二十(이십) 스물. 20. 부수 二 총획 2획

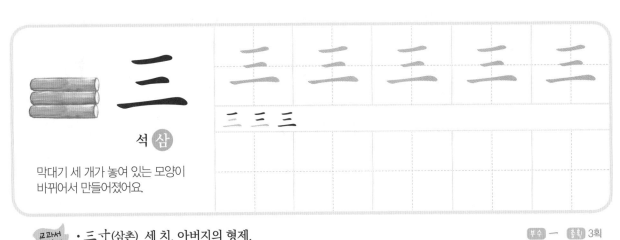

석 **삼**

막대기 세 개가 놓여 있는 모양이
바뀌어서 만들어졌어요.

교과서 한자어 · 三寸(삼촌) 세 치. 아버지의 형제. 부수 一 총획 3획
· 三三五五(삼삼오오) 서넛 또는 대여섯 사람씩 무리 지어 다니거나 무슨 일을 하는 모양.

四

넉 **사**

손가락 네 개를 양손에서 두 개씩
편 모양이 바뀌어서 만들어졌어요.
둘 더하기 둘은 넷이죠.

四 四 四 四 四

교과서
한자어 · 四十(사십) 마흔. 40. · 四寸(사촌) 아버지나 어머니 형제의 아들딸. 부수 口 총획 5획

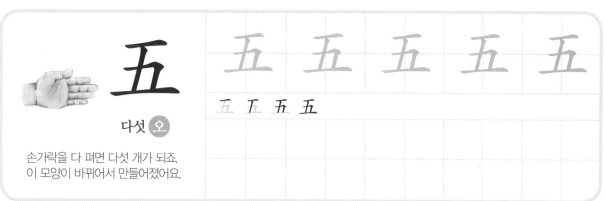

五

다섯 **오**

손가락을 다 펴면 다섯 개가 되죠.
이 모양이 바뀌어서 만들어졌어요.

五 五 五 五

교과서
한자어 · 五十(오십) 쉰. 오십. · 五六月(오뉴월) 오월과 육월('오륙월'로 읽지 않도록 주의). 부수 二 총획 4획

빈칸에 알맞은 음과 한자를 쓰세요.

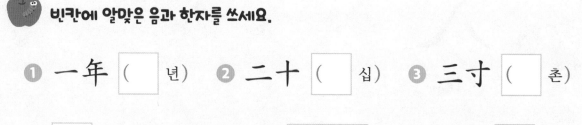

❶ 一年 (　 년)　　❷ 二十 (　 십)　　❸ 三寸 (　 촌)

❹ 　 十 (사십)　　❺ 三三 　 (삼삼오오)　　❻ 　 生 (일생)

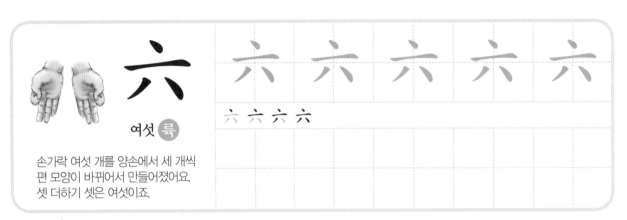

六
여섯 (륙)

손가락 여섯 개를 양손에서 세 개씩
편 모양이 바뀌어서 만들어졌어요.
셋 더하기 셋은 여섯이죠.

六 六 六 六

교과서
한자어 ·六月(유월) 6월(육월로 읽지 않도록 주의).
·六寸(육촌) 여섯 치. 사촌의 아들딸.   부수 八 총획 4획

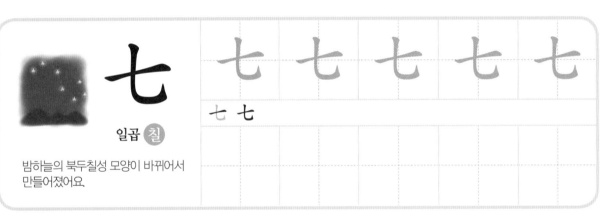

七
일곱 (칠)

밤하늘의 북두칠성 모양이 바뀌어서
만들어졌어요.

七 七

교과서
한자어 ·七十(칠십) 일흔. 70.   ·七八月(칠팔월) 칠월과 팔월. 또는 칠월이나 팔월.   부수 一 총획 2획

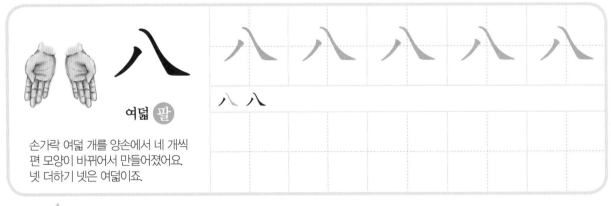

八
여덟 (팔)

손가락 여덟 개를 양손에서 네 개씩
편 모양이 바뀌어서 만들어졌어요.
넷 더하기 넷은 여덟이죠.

八 八

교과서
한자어 ·八寸(팔촌) 여덟 치. 삼종간의 촌수.   ·八九十(팔구십) 8, 9, 10.   부수 八 총획 2획

12

아홉 **구**

십(十)에서 하나가 구부러져서 못쓰게 되었어요. 그래서 아홉을 나타내는 글자로 쓰이게 되었어요.

九 九

교과서 한자어
• 九九(구구) 곱하기의 암기 공식.
• 十中八九(십중팔구) 열 가지 중 여덟이나 아홉, 거의 모두.

부수 乙 총획 2획

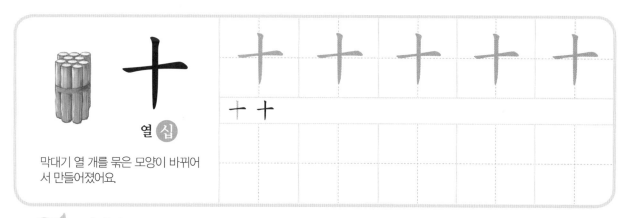

열 **십**

막대기 열 개를 묶은 모양이 바뀌어서 만들어졌어요.

十 十

교과서 한자어
• 十長生(십장생) 오래 살거나 죽지 않는다는 열 가지.
  즉 해, 산, 물, 돌, 구름, 소나무, 불로초, 거북, 학, 사슴을 말함.

부수 十 총획 2획

 빈칸에 알맞은 음과 한자를 쓰세요.

❶ 六寸 (　촌)　❷ 七月 (　월)　❸ 八九十 (　　　)

❹ 十中　 (십중팔구)　❺ 　寸 (팔촌)　❻ 　 (구구)

父

아비 부

父 父 父 父 父

父父父父

오른손에 돌도끼를 든 모양이 바뀌
어서 만들어졌어요.

교과서
한자어

· 父子(부자) 아버지와 아들.   · 學父母(학부모) 학교에 다니는 자녀를 둔 부모.

부수 父   총획 4획

母

어미 모

母 母 母 母 母

母母母母母

아기에게 젖을 먹이는 엄마의 모습
이 바뀌어서 만들어졌어요.

교과서
한자어

· 母校(모교) 자기의 출신교. 자기가 졸업한 학교.

부수 母   총획 5획

· 母國(모국) 자기가 태어난 나라.

兄

맏/형 형

兄 兄 兄 兄 兄

兄兄兄兄兄

말로 지시하며 이끄는 사람의 모습
이 바뀌어서 만들어졌어요.

교과서
한자어

· 兄弟(형제) 형과 아우.

부수 儿   총획 5획

弟

아우 제

형이 동생을 업고 있는 모양이 바뀌어서 만들어졌어요.

弟 弟 弟 弟 弟

弟 弟 弟 弟 弟 弟 弟

교과서 한자어 · 弟子(제자) 가르침을 받고 있거나 받은 사람.

부수 弓 총획 7획

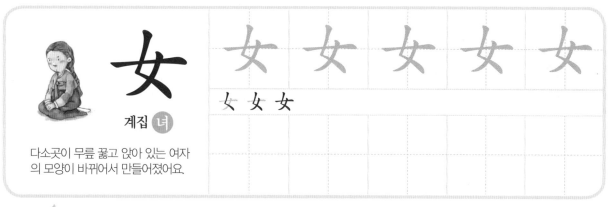

女

계집 녀

다소곳이 무릎 꿇고 앉아 있는 여자의 모양이 바뀌어서 만들어졌어요.

女 女 女 女 女

女 女 女

교과서 한자어 · 父女(부녀) 아버지와 딸. · 長女(장녀) 집안의 큰딸, 맏딸.

부수 女 총획 3획

빈칸에 알맞은 음과 한자를 쓰세요.

1 父子 (자)
2 母校 (교)
3 父母 (   )

4 ☐ 子 (제자)
5 ☐☐ (부녀)
6 ☐☐ (형제)

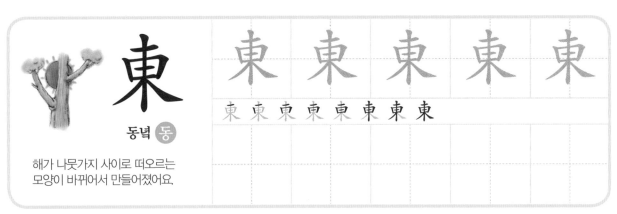

東

동녘 **동**

해가 나뭇가지 사이로 떠오르는
모양이 바뀌어서 만들어졌어요.

교과서
한자어
- 東學(동학) 조선 말기, 최제우가 창도한 민족 종교. 천도교.
- 東大門(동대문) 서울 도성에 딸린 8문 중의 하나로 보물 제1호. 흥인지문.

부수 木   총획 8획

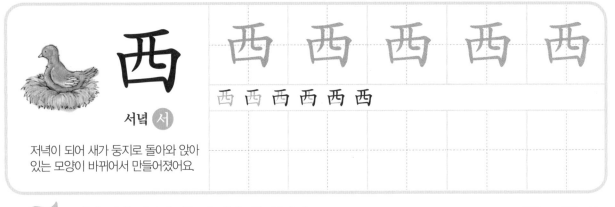

西

서녘 **서**

저녁이 되어 새가 둥지로 돌아와 앉아
있는 모양이 바뀌어서 만들어졌어요.

교과서
한자어
- 西山(서산) 서쪽에 있는 산. 해가 지는 쪽의 산.
- 東西(동서) 동쪽과 서쪽. 동양과 서양.

부수 襾   총획 6획

南

남녘 **남**

온실 안에 풀이 싹튼 모양이 바뀌어
서 만들어졌어요.

교과서
한자어
- 南大門(남대문) 남쪽의 대문. 조선 시대 서울을 둘러싼 성문 중의 하나.
- 南北(남북) 남쪽과 북쪽.

부수 十   총획 9획

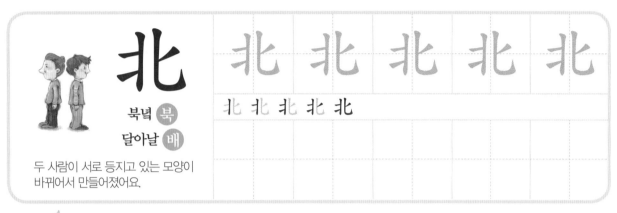

北

북녘 **북**
달아날 **배**

두 사람이 서로 등지고 있는 모양이
바뀌어서 만들어졌어요.

北 北 北 北 北

北 北 北 北 北

교과서
한자어
• 北門(북문) 북쪽의 문.
• 敗北(패배) 경기나 싸움 따위에서 상대방에게 짐. (敗, 패할 패)

부수 匕   총획 5획

外

바깥 **외**

문을 통해 밖으로 나가는 모양이
바뀌어서 만들어졌어요.

外 外 外 外 外

外 外 外 外 外

교과서
한자어
• 外國(외국) 우리 나라 주권이 미치지 않는 국가 또는 국토. 다른 나라.
• 內外(내외) 안과 밖. 국내와 국외.

부수 夕   총획 5획

 빈칸에 알맞은 음과 한자를 쓰세요.

❶ 西山 ([　] 산)   ❷ 敗北 (패 [　])   ❸ 東西 ([　])

❹ [　] 大門 (동대문)   ❺ 內 [　] (내외)   ❻ [　] (남북)

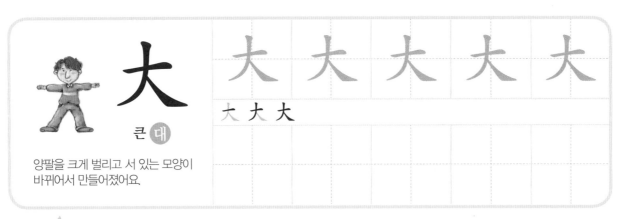

大
큰 대

양팔을 크게 벌리고 서 있는 모양이
바뀌어서 만들어졌어요.

교과서
한자어
• 大人(대인) 거인. 성인. 남의 아버지에 대한 존칭.
• 大學(대학) 고등 교육 기관의 하나.

부수 大 총획 3획

中
가운데 중

한가운데에 중심이 잡힌 팽이가 똑
바로 서서 빙글빙글 도는 모양이 바
뀌어서 만들어졌어요.

교과서
한자어
• 中年(중년) 인생의 중간쯤에 해당하는 마흔 안팎의 나이.   • 山中(산중) 산 속.

부수 丨 총획 4획

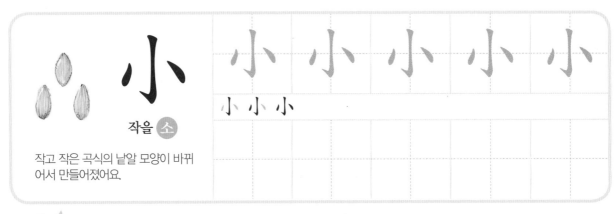

小
작을 소

작고 작은 곡식의 낱알 모양이 바뀌
어서 만들어졌어요.

교과서
한자어
• 小人(소인) 나이 어린 사람. 키 작은 사람.   • 大小(대소) 사물의 크고 작음.

부수 小 총획 3획

日
날 **일**

日 日 日 日

둥근 해님의 모양이 바뀌어서 만들어졌어요. 한자에서는 동그라미를 쓰지 않아요. 그래서 둥근 해님이 네모가 됐네요.

교과서 한자어 · 一 日(일일) 첫날, 하루. · 日 日(일일) 그날그날. 하루하루.

부수 日 총획 4획

月
달 **월**

月 月 月 月

구름이 살짝 걸쳐진 달님의 모양이 조금씩 바뀌어서 만들어졌어요.

교과서 한자어 · 年 月 日(연월일) 해와 달과 날을 아울러 밝히는 날짜.
· 日 月(일월) 해와 달.

부수 月 총획 4획

 빈칸에 알맞은 음과 한자를 쓰세요.

❶ 大人 (　 인) ❷ 山中 (산 　) ❸ 大小 (　 ꞉ 　)

❹ 　學 (대학) ❺ 年 　 ꞉ 　 (연월일) ❻ 　 ꞉ 　 (일월)

 뜻에 맞는 한자와 음을 찾아 연결해 보세요.

① 다섯 •   • 三 •   • 구

② 셋 •   • 五 •   • 대

③ 크다 •   • 七 •   • 칠

④ 아홉 •   • 九 •   • 삼

⑤ 일곱 •   • 大 •   • 오

⑥ 아버지 •   • 母 •   • 일

⑦ 날 •   • 外 •   • 부

⑧ 서녘 •   • 西 •   • 서

⑨ 어머니 •   • 父 •   • 외

⑩ 바깥 •   • 日 •   • 모

뜻과 음에 알맞게 한자를 완성해 보세요.

① 四
넉 사

② 六
여섯 륙

③ 弟
아우 제

④ 東
동녘 동

⑤ 北
북녘 북

⑥ 月
달 월

한자어에 알맞은 뜻을 찾아 연결해 보세요.

① 三三五五
(삼삼오오)

② 八寸(팔촌)

③ 兄弟(형제)

④ 内外(내외)

⑤ 大人(대인)

• 형과 아우.

• 여덟 치. 삼종간의 촌수.

• 안과 밖. 국내와 국외.

• 서넛 또는 대여섯 사람씩 무리 지어 다니거나 무슨 일을 하는 모양.

• 거인. 성인. 남의 아버지에 대한 존칭.

월   일
오전   :
오후

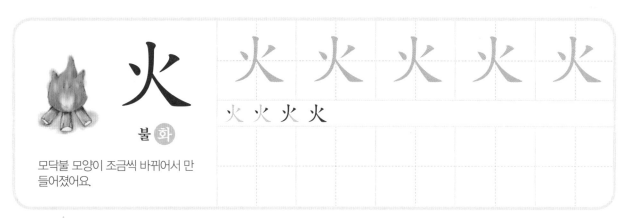

火
불 화

모닥불 모양이 조금씩 바뀌어서 만들어졌어요.

火 火 火 火

교과서
한자어
• 火力(화력) 불의 힘. 총포의 힘. (力, 힘 력)
• 火山(화산) 땅 속의 뜨거운 마그마와 가스 등이 지표를 뚫고 나와 만들어진 산.

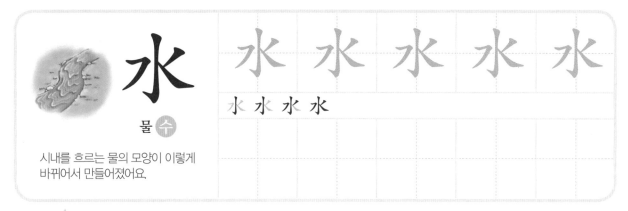

水
물 수

시내를 흐르는 물의 모양이 이렇게 바뀌어서 만들어졌어요.

水 水 水 水

교과서
한자어
• 生水(생수) 끓이거나 소독하거나 하지 않은 맑은 샘물.
• 水中(수중) 물 속.

木
나무 목

땅에서부터 하늘로 뻗어올라간 나무의 모습이 바뀌어서 만들어졌어요.

木 木 木 木

교과서
한자어
• 生木(생목) 생나무.
• 土木(토목) 목재나 철재·흙 등을 사용해 도로나 둑·교량 등을 건설하는 일.

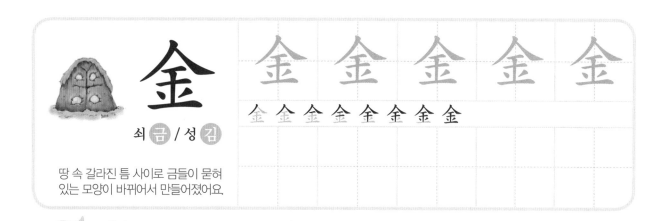

金

쇠 금 / 성 김

땅 속 갈라진 틈 사이로 금들이 묻혀 있는 모양이 바뀌어서 만들어졌어요.

金 金 金 金 金

金 金 金 金 金 金 金 金

교과서 한자어 · 萬金(만금) 매우 많은 돈. · 金先生(김선생) 김씨 성을 가진 선생님.   부수 金   총획 8획

土

흙 토

흙을 뚫고 자라나는 새싹의 모양이 바뀌어서 만들어졌어요.

土 土 土 土 土

土 土 土

교과서 한자어 · 國土(국토) 나라의 땅.   부수 土   총획 3획

 빈칸에 알맞은 음과 한자를 쓰세요.

❶ 火山 ([　] 산)   ❷ 生木 (생 [　])   ❸ 水中 ([　] [　])

❹ 萬 [　] (만금)   ❺ 國 [　] (국토)   ❻ [　] [　] (토목)

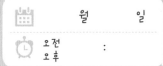

월   일

오전
오후   :

學

배울 학

學 學 學 學 學

學 學 學 學 學 學 學 學 學 學 學 學 學 學 學 學

아이가 집에서 손으로 책을 잡고 보
는 모습이 바뀌어서 만들어졌어요.

교과서
한자어 · 學校(학교) 학생을 가르치는 곳.
· 學生(학생) 학교에서 공부하는 사람. 학예를 배우는 사람.

부수 子 총획 16획

校

학교 교

校 校 校 校 校

校 校 校 校 校 校 校 校 校 校

나무 밑에서 학생들을 가르치는
모양이 바뀌어서 만들어졌어요.

교과서
한자어 · 校門(교문) 학교의 정문.

부수 木 총획 10획

敎

가르칠 교

敎 敎 敎 敎 敎

敎 敎 敎 敎 敎 敎 敎 敎 敎 敎 敎

매를 들고 아이에게 가르치는 모습
이 바뀌어서 만들어졌어요.

교과서
한자어 · 敎室(교실) 학교에서 학생들이 수업하는 방. · 敎學(교학) 교육과 학문.

부수 攵(攴) 총획 11획

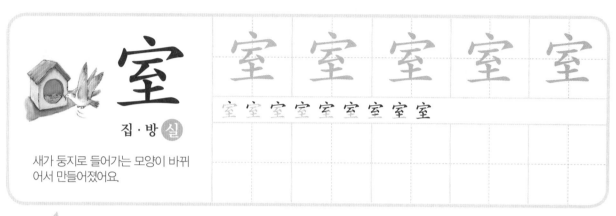

室
집·방 실

새가 둥지로 들어가는 모양이 바뀌어서 만들어졌어요.

室 室 室 室 室
室室室室室室室室室

교과서 한자어 · 室外(실외) 방의 밖. · 王室(왕실) 왕의 집안. 왕가.

부수 宀 총획 9획

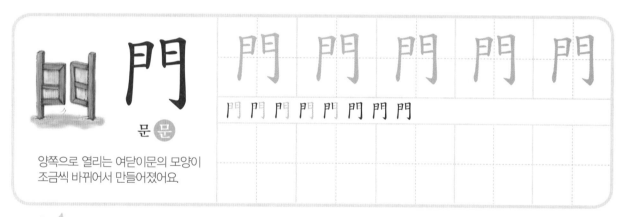

門
문 문

양쪽으로 열리는 여닫이문의 모양이 조금씩 바뀌어서 만들어졌어요.

門 門 門 門 門
門門門門門門門門

교과서 한자어 · 門前(문전) 대문 앞.
· 南大門(남대문) 서울에 있는 '숭례문'의 딴 이름.

부수 門 총획 8획

 빈칸에 알맞은 음과 한자를 쓰세요.

❶ 學生 (⬜ 생) ❷ 校長 (⬜ 장) ❸ 學校 (⬜ ⬜)

❹ ⬜ 前 (문전) ❺ ⬜ ⬜ (교학) ❻ ⬜ ⬜ (실외)

先

先 先 先 先 先

先 先 先 先 先 先

먼저 선

다른 사람보다 앞서 걸어가는 모양
이 바뀌어서 만들어졌어요.

교과서
한자어
- 先生(선생) 교사의 존칭. 학예가 뛰어난 사람의 존칭. 남을 높여 부르는 말.
- 先王(선왕) 선대의 임금. 옛날의 성군.

부수 儿 총획 6획

生

生 生 生 生 生

生 生 生 生 生

날 생

땅 위에 돋아난 싹의 모양이 바뀌어
서 만들어졌어요.

교과서
한자어
- 生日(생일) 태어난 날. - 人生(인생) 사람이 세상에 사는 동안. 또는 그 동안의 생활.

부수 生 총획 5획

軍

軍 軍 軍 軍 軍

軍 軍 軍 軍 軍 軍 軍 軍 軍

군사 군

전차를 둘러싸고 진을 친 모양이 바
뀌어서 만들어졌어요.

교과서
한자어
- 軍人(군인) 군대에서 복무하는 모든 장교와 사병.

부수 車 총획 9획

人 人 人 人 人

人 人

사람 인

사람의 옆 모습이 바뀌어서 만들어
졌어요.

교과서
한자어
•人生(인생) 사람의 목숨. 사람이 살아 있는 동안.   •大人(대인) 어른. 성인.   부수 人   총획 2획

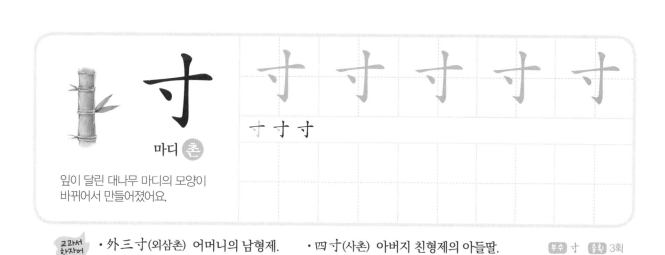

寸 寸 寸 寸 寸

寸 寸 寸

마디 촌

잎이 달린 대나무 마디의 모양이
바뀌어서 만들어졌어요.

교과서
한자어
•外三寸(외삼촌) 어머니의 남형제.   •四寸(사촌) 아버지 친형제의 아들딸.   부수 寸   총획 3획

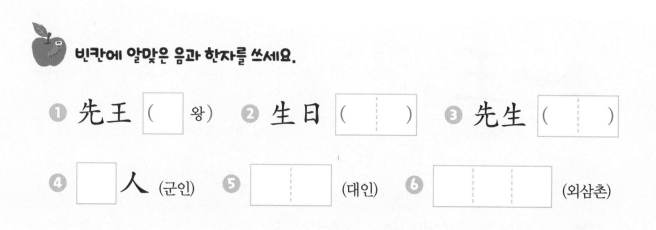

🍎 빈칸에 알맞은 음과 한자를 쓰세요.

❶ 先王 (　　 왕)   ❷ 生日 (　　)   ❸ 先生 (　　)

❹ □ 人 (군인)   ❺ □ (대인)   ❻ □ (외삼촌)

韓

한국 · 나라 한

아침 해가 떠오르는 동쪽의 위대한
나라를 나타낸 글자예요. 그래서 한국
을 나타내는 글자로 쓰이게 되었어요.

교과서
한자어 · 韓國(한국) 대한민국의 준말. · 韓日(한일) 한국과 일본. 　　부수 韋　총획 17획

國

나라 국

병사가 창을 들고 영토를 지키는 모양
을 본떠서 만든 글자예요.

교과서
한자어 · 國民(국민) 한 나라의 통치권 밑에 같은 국적을 가진 사람.　부수 囗　총획 11획
· 國土(국토) 나라의 땅.

王

임금 왕

王 王 王 王

임금을 상징하는 도끼가 모양이 바뀌
어서 만들어졌어요.

교과서
한자어 · 王國(왕국) 임금이 다스리는 나라. · 王子(왕자) 임금의 아들. 　부수 王(玉)　총획 4획

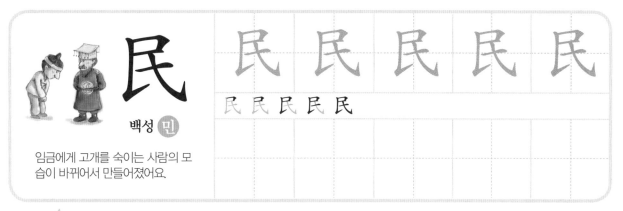

民

백성 **민**

임금에게 고개를 숙이는 사람의 모습이 바뀌어서 만들어졌어요.

民 民 民 民 民

民 民 民 民 民

교과서
한자어

· 國民(국민) 한 나라의 통치권 밑에 같은 국적을 가진 사람.
· 人民(인민) 사회를 구성하는 사람. 국민. 백성.

부수 氏   총획 5획

長

길 · 어른 **장**

머리를 길게 늘어뜨린 노인이 지팡이를 짚고 있는 모양이 바뀌어서 만들어졌어요.

長 長 長 長 長

長 長 長 長 長 長 長 長

교과서
한자어

· 年長(연장) 자기보다 나이가 많음.
· 校長(교장) 학교장의 준말로 학교에서 제일 높으신 분.

부수 長   총획 8획

 빈칸에 알맞은 음과 한자를 쓰세요.

❶ 王國 (　　　)　❷ 韓國 (　　　)　❸ 國民 (　　　)

❹ □ 子 (왕자)　❺ □□ (연장)　❻ □□ (국토)

萬
일만 (만)

나무에 매달린 벌집에는 꿀통이 많이 들어 있어서 '많다'라는 뜻으로 쓰이게 되었어요.

교과서 한자어 · 萬國(만국) 모든 나라.   · 萬人(만인) 아주 많은 사람. 모든 사람.   부수 艹 (艸) 총획 13획

年
해 (년)

벼를 베어 어깨에 짊어진 사람의 모습이 바뀌어서 만들어졌어요.

교과서 한자어 · 年中(연중) 그 해의 동안.   · 學年(학년) 1년간의 학습 과정의 단위.   부수 干 총획 6획

靑
푸를 (청)

파란 풀이 우물가에 나 있는 모양이 바뀌어서 만들어졌어요.

교과서 한자어 · 靑山(청산) 나무가 무성하여 푸른 산.   · 靑年(청년) 청춘기에 있는 젊은 사람.   부수 靑 총획 8획

30

흰 **백**

해의 빛이 위로 향하여 비치는 모양이 바뀌어서 만들어졌어요.

白 白 白 白 白

교과서 한자어 · 白人(백인) 피부 색깔이 하얀 인종을 일컫는 말. · 白金(백금) 은백색의 귀금속. 부수 白 총획 5획

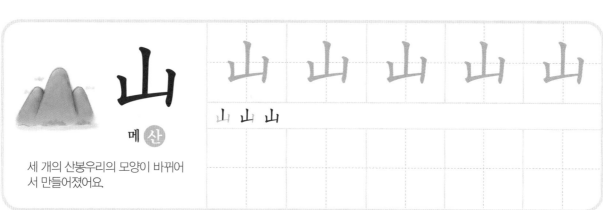

메 **산**

세 개의 산봉우리의 모양이 바뀌어서 만들어졌어요.

山 山 山

교과서 한자어 · 山中(산중) 산 속. · 山水(산수) 산과 물. 자연의 경치. 부수 山 총획 3획

🍎 빈칸에 알맞은 음과 한자를 쓰세요.

❶ 山水 ( ) ❷ 萬人 ( ) ❸ 學年 ( )

❹ ☐ 人 (백인) ❺ ☐ 中 (산중) ❻ ☐ (청년)

뜻에 맞는 한자와 음을 찾아 연결해 보세요.

① 불 · · 火 · · 목

② 나다, 살다 · · 木 · · 산

③ 나무 · · 山 · · 교

④ 산 · · 教 · · 화

⑤ 가르치다 · · 生 · · 생

⑥ 희다 · · 軍 · · 왕

⑦ 군사 · · 王 · · 장

⑧ 임금 · · 長 · · 청

⑨ 길다, 어른 · · 青 · · 백

⑩ 푸르다 · · 白 · · 군

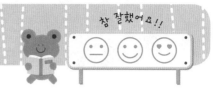

🐝 뜻과 음에 알맞게 한자를 완성해 보세요.

❶ 金

쇠 금

❷ 學

배울 학

❸ 室

집 · 방 실

❹ 先

먼저 선

❺ 韓

한국 · 나라 한

❻ 萬

일만 만

🐞 한자어에 알맞은 뜻을 찾아 연결해 보세요.

❶ 國民 (국민)   •   • 물 속.

❷ 南大門 (남대문) •   • 서울에 있는 '숭례문'의 딴 이름.

❸ 山水 (산수)   •   • 어머니의 남형제.

❹ 水中 (수중)   •   • 한 나라의 통치권 밑에 같은 국적을 가진 사람.

❺ 外三寸 (외삼촌) •   • 산과 물. 자연의 경치.

🍎 다음 뜻에 알맞은 한자를 <보기>에서 찾아 번호를 쓰세요.

보기

① 中　② 王　③ 民　④ 敎　⑤ 水

1. 가르치다 　☐
2. 백성 　☐
3. 임금 　☐
4. 물 　☐
5. 가운데 　☐

🍎 다음 한자에 알맞은 뜻과 음을 <보기>에서 찾아 번호를 쓰세요.

보기

① 군사 군 ② 남녘 남 ③ 아우 제 ④ 푸를 청 ⑤ 일만 만

6. 南 　☐
7. 弟 　☐
8. 軍 　☐
9. 萬 　☐
10. 靑 　☐

 다음 한자에서 진하게 표시한 획은 몇 번째로 쓰는지 숫자로 쓰세요.

11.

12.

13.

14.

15.

 다음 밑줄 친 부분을 뜻하는 한자를 〈보기〉에서 찾아 번호를 쓰세요.

보기

❶ 白　　❷ 大　　❸ 外　　❹ 門　　❺ 日

16. 아침 <u>해</u>가 떴습니다.

17. <u>커다란</u> 곰이 토끼에게 말했습니다.

18. 선생님이 교실 <u>문</u>을 열고 들어왔습니다.

19. 엄마가 <u>하얀</u> 솜사탕을 사주었습니다.

20. 문 <u>밖</u>에서 노랫소리가 들렸습니다.

家	歌	間	江	車	工	空
집 가	노래 가	사이 간	강 강	수레 거, 수레 차	장인 공	빌 공
口	氣	記	旗	男	內	農
입 구	기운 기	기록할 기	기 기	사내 남	안 내	농사 농
答	道	動	同	洞	冬	登
대답 답	길 도	움직일 동	한가지 동	골 동, 밝을 통	겨울 동	오를 등
來	力	老	里	林	立	每
올 래	힘 력	늙을 로	마을 리	수풀 림	설 립	매양 매
面	名	命	文	問	物	方
낯 면	이름 명	목숨 명	글월 문	물을 문	물건 물	모 방
百	夫	不	事	算	上	色
일백 백	지아비 부	아닐 불·부	일 사	셈 산	윗 상	빛 색
夕	姓	世	少	所	手	數
저녁 석	성 성	인간 세	적을 소	바 소	손 수	셈 수
時	市	食	植	心	安	語
때 시	저자 시	밥·먹을 식	심을 식	마음 심	편안 안	말씀 어

然	午	右	有	育	邑	入
그럴 연	낮 오	오른 우	있을 유	기를 육	고을 읍	들 입
子	自	字	場	電	前	全
아들 자	스스로 자	글자 자	마당 장	번개 전	앞 전	온전 전
正	祖	足	左	住	主	重
바를 정	할아비 조	발 족	왼 좌	살 주	임금·주인 주	무거울 중
紙	地	直	千	天	川	草
종이 지	땅 지	곧을 직	일천 천	하늘 천	내 천	풀 초
村	秋	春	出	便	平	下
마을 촌	가을 추	봄 춘	날 출	편할 편 똥오줌 변	평평할 평	아래 하
夏	漢	海	話	花	活	孝
여름 하	한수·한나라 한	바다 해	말씀 화	꽃 화	살 활	효도 효
後	休					
뒤 후	쉴 휴					

월   일

오 전   :
오 후

天

하늘 천

사람의 머리 위에 하늘이 넓게 퍼져
있는 모습이 바뀌어서 만들어졌어요.

天 天 天 天 天

天 天 天 天

교과서
한자어   • 天命(천명) 타고난 수명.   • 天地(천지) 하늘과 땅. 세상.   부수 大 총획 4획

地

땅 지

흙 위에 뱀이 있는 모습이 바뀌어서
만들어졌어요.

地 地 地 地 地

地 地 地 地 地 地

교과서
한자어   • 地方(지방) 어느 한 방면의 땅. 서울 밖의 지역.   부수 土 총획 6획
         • 地名(지명) 지방·지역 등의 이름.

里

마을 리

밭과 토지가 있는 곳의 모양이 바뀌
어서 만들어졌어요.

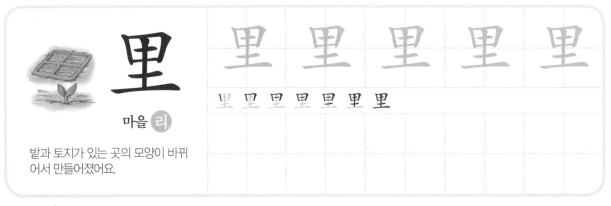

里 里 里 里 里

里 里 里 里 里 里 里

교과서
한자어   • 里長(이장) 행정 구역인 이(里)의 사무를 맡아보는 사람.   • 里民(이민) 동리 사람.   부수 里 총획 7획

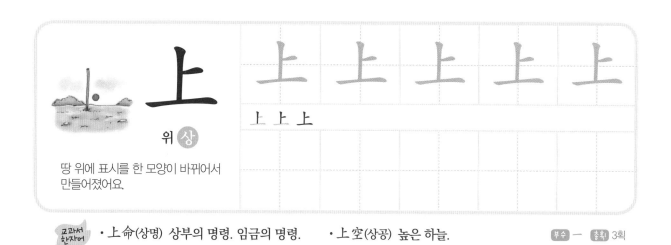

上 上 上

위 (상)

땅 위에 표시를 한 모양이 바뀌어서 만들어졌어요.

교과서 한자어 · 上命(상명) 상부의 명령. 임금의 명령. · 上空(상공) 높은 하늘. 부수 一 총획 3획

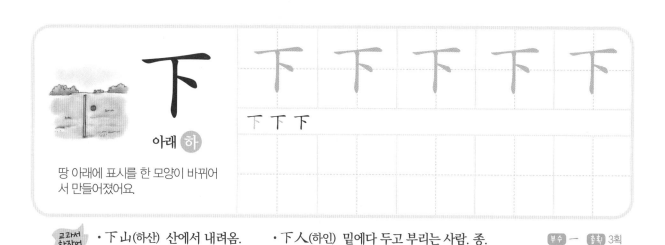

下 下 下

아래 (하)

땅 아래에 표시를 한 모양이 바뀌어서 만들어졌어요.

교과서 한자어 · 下山(하산) 산에서 내려옴. · 下人(하인) 밑에다 두고 부리는 사람. 종. 부수 一 총획 3획

🍎 빈칸에 알맞은 음과 한자를 쓰세요.

❶ 地方 ([   ] 방) ❷ 天地 ([   ]) ❸ 里民 ([   ])

❹ [   ] 空 (상공) ❺ [   ] (하산) ❻ [   ] (하인)

前

앞 전

갑옷을 입고 칼을 찬 장수가 앞장서는 모습이 바뀌어서 만들어졌어요.

 • 前後(전후) 앞뒤. 일의 먼저나 나중. 일의 경위. 선후.
• 事前(사전) 일이 있기 전.

부수 刂(刀) 총획 9획

後

뒤 후

종종걸음으로 뒷걸음질치는 것은 조금밖에 나아가지 못하므로 '뒤지다'의 뜻으로 쓰이게 되었어요.

 • 後世(후세) 뒤의 세상. • 後食(후식) 식사 후에 먹는 간단한 음식.

부수 彳 총획 9획

方

모 방

밭을 가는 도구인 쟁기의 모습에서 '수단, 방법'의 의미로 만들어졌어요.

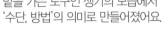

• 方面(방면) 어떤 방향의 지역 또는 분야나 부문.
• 四方(사방) 동·서·남·북의 네 방향. 둘레의 모든 방향.

부수 方 총획 4획

左

왼 좌

왼손에 자를 들고있는 모습이 바뀌어서 만들어졌어요.

左 左 左 左 左

교과서 한자어 · 左手(좌수) 왼손.　· 左右(좌우) 왼쪽과 오른쪽.　부수 工　총획 5획

右

오른 우

오른손으로 밥을 먹는 모습이 바뀌어서 만들어졌어요.

右 右 右 右 右

교과서 한자어 · 右便(우편) 오른쪽.　· 右手(우수) 오른손.　부수 口　총획 5획

🍎 빈칸에 알맞은 음과 한자를 쓰세요.

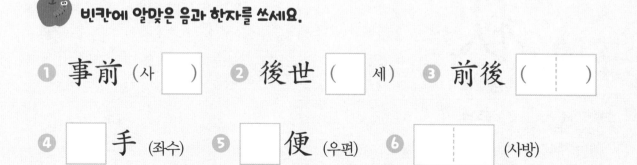

❶ 事前 (사 　)　❷ 後世 (　세)　❸ 前後 (　　)

❹ 　手 (좌수)　❺ 　便 (우편)　❻ 　　(사방)

월   일

오전
오후   :

春
봄 춘

春 春 春 春 春

春 春 春 春 春 春 春 春 春

봄날에 햇빛을 받아 풀들이 쑥쑥 자라는 모습이 바뀌어서 만들어졌어요.

교과서
한자어
· 春秋(춘추) 봄과 가을. 어른의 나이에 대한 존칭.
· 靑春(청춘) '스무 살 안팎의 젊은 나이'를 비유하여 이르는 말.

부수 日 총획 9획

夏
여름 하

夏 夏 夏 夏 夏

夏 夏 夏 夏 夏 夏 夏 夏 夏 夏

여름 날 나무에 매달린 매미의 모습이 바뀌어서 만들어졌어요.

교과서
한자어
· 夏冬(하동) 여름과 겨울.   · 立夏(입하) 여름이 시작된다고 하는 절기.

부수 夊 총획 10획

秋
가을 추

秋 秋 秋 秋 秋

秋 秋 秋 秋 秋 秋 秋 秋 秋

벼가 익은 뒤, 이삭 끝을 불로 그을려 벼알을 거두는 것으로 가을을 나타내는 글자로 쓰이게 되었어요.

교과서
한자어
· 秋夕(추석) 음력 8월 15일. 한가위.   · 立秋(입추) 가을이 시작된다고 하는 절기.

부수 禾 총획 9획

冬
겨울 동

샘의 입구가 막혀서 물이 나오지 않을 정도로 추운 날씨로, 겨울을 나타내는 글자로 쓰이게 되었어요.

冬
ノ ク 夂 冬 冬

교과서 한자어
· 冬天(동천) 겨울 하늘. 겨울날.　· 立冬(입동) 겨울이 시작된다고 하는 절기.　부수 冫　총획 5획

夕
저녁 석

달이 반쯤 보이는 모양으로, 저녁을 나타내는 글자로 쓰이게 되었어요.

夕
ノ ク 夕

교과서 한자어
· 秋夕(추석) 음력 8월 15일. 한가위.　· 七月七夕(칠월칠석) 음력 7월 7일 저녁.　부수 夕　총획 3획

빈칸에 알맞은 음과 한자를 쓰세요.

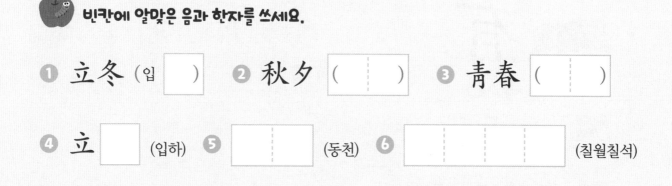

❶ 立冬 (입 [　])　❷ 秋夕 ([　])　❸ 靑春 ([　])

❹ 立 [　] (입하)　❺ [　] (동천)　❻ [　] (칠월칠석)

월   일

오전 :
오후

自

스스로 자

자기를 가리킬 때 코를 가리키는 데에서, 코의 모양이 바뀌어서 만들어졌어요.

自 自 自 自 自

自自自自自自

교과서 한자어
· 自動(자동) 제힘으로 움직임.
· 自立(자립) 남의 힘을 입지 않고 스스로 섬.

부수 自   총획 6획

然

그럴 연

짐승의 고기를 불에 익히는 모습이 당연히 그렇다는 의미로, 그 모습이 바뀌어서 만들어졌어요.

然 然 然 然 然

然 然 然 然 然 然 然 然 然 然 然 然

교과서 한자어
· 天然(천연) 자연 그대로의 상태.
· 自然(자연) 사람의 손에 의하지 않고 존재하는 것이나 일어나는 현상.

부수 灬(火)   총획 12획

有

있을 유

달이 숨었다가 다시 나오는(개기월식) 일처럼 보통 없는 일이 있다는 의미로 그 모습이 바뀌어서 만들어졌어요.

有 有 有 有 有

有 有 有 有 有 有

교과서 한자어
· 有力(유력) 힘이 있음. 가능성이 많음.
· 有名(유명) 이름이 세상에 널리 알려져 있음.

부수 月   총획 6획

氣
기운 기

내뿜는 입김과 밥에서 나오는 김의 모습이 바뀌어서, 기운을 나타내는 글자로 쓰이게 되었어요.

氣 氣 氣 氣 氣

氣氣氣氣氣氣氣氣氣氣

교과서 한자어
• 氣力(기력) 사람이 몸을 움직여 활동할 수 있는 힘.
• 氣色(기색) 감정을 나타내는 얼굴빛.

부수 气   총획 10획

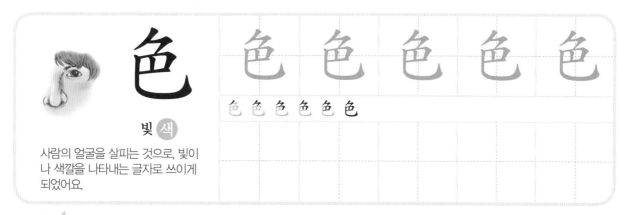

色
빛 색

사람의 얼굴을 살피는 것으로, 빛이나 색깔을 나타내는 글자로 쓰이게 되었어요.

色 色 色 色 色

色色色色色色

교과서 한자어
• 色色(색색) 여러 가지의 빛깔. 여러 가지. 가지각색.
• 色紙(색지) 색종이.

부수 色   총획 6획

 빈칸에 알맞은 음과 한자를 쓰세요.

❶ 氣力 ( )   ❷ 有力 ( )   ❸ 自然 ( )

❹ □ 動 (자동)   ❺ □ 名 (유명)   ❻ □ □ (색색)

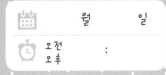

월   일

오전
오후   :

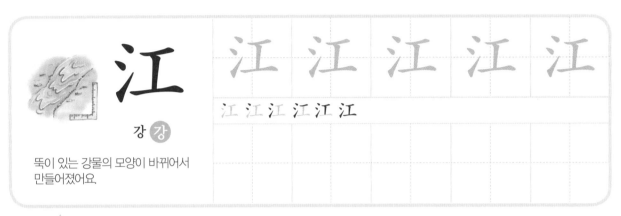

江
강 강

뚝이 있는 강물의 모양이 바뀌어서
만들어졌어요.

교과서
한자어
· 江南(강남) 따뜻한 남쪽 지방. 서울의 한강 이남 지역.
· 江山(강산) 강과 산. 나라의 영토.

부수 氵(水)   총획 6획

海
바다 해

냇물이 흘러가서 넓게 모이는 곳으
로, 어머니와 같은 바다를 나타내는
글자로 쓰이게 되었어요.

교과서
한자어
· 海軍(해군) 해상의 국방을 위한 군대.
· 海外(해외) 우리 나라 밖의 다른 나라. 외국.

부수 氵(水)   총획 10획

林
수풀 림

나무가 두 그루가 나란히 서 있는 모
양이 바뀌어서 만들어졌어요.

교과서
한자어
· 山林(산림) 산에 있는 숲. 산과 숲.   · 國有林(국유림) 나라의 소유로 된 숲.

부수 木   총획 8획

川

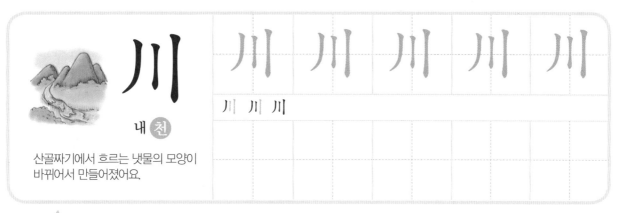

내 천

川 川 川

산골짜기에서 흐르는 냇물의 모양이
바뀌어서 만들어졌어요.

교과서 한자어 · 山川(산천) 산과 내. 자연.
· 山川草木(산천초목) 산과 내와 풀과 나무, 곧 '자연'을 이르는 말.

부수 川(川)　**총획** 3획

育

育 育 育 育 育

育 育 育 育 育 育 育 育

기를 육

아이를 낳아 기르는 모습이 바뀌어
서 만들어졌어요.

교과서 한자어 · 育成(육성) 길러서 자라게 함. · 教育(교육) 가르치고 기르는 것.

부수 月(肉)　**총획** 8획

 빈칸에 알맞은 음과 한자를 쓰세요.

① 海軍 (　　)　② 江南 (　　)　③ 山林 (　　)

④ 教 [　] (교육)　⑤ [　] (강산)　⑥ [　] 草木 (산천초목)

 뜻에 맞는 한자와 음을 찾아 연결해 보세요.

① 봄 · · 天 · · 천

② 가을 · · 地 · · 추

③ 수풀 · · 春 · · 춘

④ 하늘 · · 秋 · · 림

⑤ 땅 · · 林 · · 지

⑥ 스스로 · · 前 · · 전

⑦ 그러하다 · · 後 · · 강

⑧ 강 · · 自 · · 자

⑨ 앞 · · 然 · · 연

⑩ 뒤 · · 江 · · 후

🐝 뜻과 음에 알맞게 한자를 완성해 보세요.

❶ 生	❷ 大	❸ 夏
마을 리	왼 좌	여름 하

❹ 有	❺ 育	❻ 海
있을 유	기를 육	바다 해

🐞 한자어에 알맞은 뜻을 찾아 연결해 보세요.

❶ 下山(하산) •   • 감정을 나타내는 얼굴빛.

❷ 四方(사방) •   • 강과 산. 나라의 영토.

❸ 七月七夕
   (칠월칠석) •   • 동 · 서 · 남 · 북의 네 방향.
                                   둘레의 모든 방향.

❹ 氣色(기색) •   • 산에서 내려옴.

❺ 江山(강산) •   • 음력 7월 7일 저녁.

럴   일

오 전   :
오 후

動
움직일 **동**

무거운 짐을 옮기는 모습이 바뀌어
서 만들어졌어요.

動 動 動 動 動

動 動 動 動 動 動 動 動 動 動 動

• 動力(동력) 어떤 일을 발전시키고 밀고 나가는 힘. 원동력.

• 動物(동물) 생물을 식물과 함께 둘로 나눈 것의 하나. 특히, 짐승을 일컬음.

부수 力   총획 11획

植
심을 **식**

나무를 심는 모습이 바뀌어서 만들
어졌어요.

植 植 植 植 植

植 植 植 植 植 植 植 植 植 植 植 植

• 植木(식목) 나무를 심는 것. 또, 그 나무.

• 植物(식물) 생물을 동물과 함께 나눈 한 부분을 일컫는 말.

부수 木   총획 12획

物
물건 **물**

무리를 지어 움직이는 소의 모양이
바뀌어서 만들어졌어요.

物 物 物 物 物

物 物 物 物 物 物 物 物

• 萬物(만물) 온갖 물건. 우주에 존재하는 모든 것.   • 生物(생물) 살아있는 것.

부수 牛   총획 8획

花 꽃 **화**

꽃이 피었다가 곧 떨어지는 모습이
바뀌어서 만들어졌어요.

花花花花花

花花花花花花花花

교과서 한자어
- 花草(화초) 꽃이 피는 풀과 나무. 꽃나무.
- 花木(화목) 꽃나무.

부수 艹(艸) 총획 8획

草 풀 **초**

햇볕을 받아 파릇 파릇 돋아나는 풀
의 모양이 바뀌어서 만들어졌어요.

草草草草草

草草草草草苫苫苗草草

교과서 한자어
- 草家(초가) 볏짚 등으로 만든 집. 초가집.
- 草木(초목) 풀과 나무.

부수 艹(艸) 총획 10획

 빈칸에 알맞은 음과 한자를 쓰세요.

① 動力 (☐ 력) ② 草家 (☐ 가) ③ 植物 (☐)

④ ☐ 草 (화초) ⑤ ☐ ☐ (초목) ⑥ ☐ ☐ (생물)

월   일

오전   :
오후

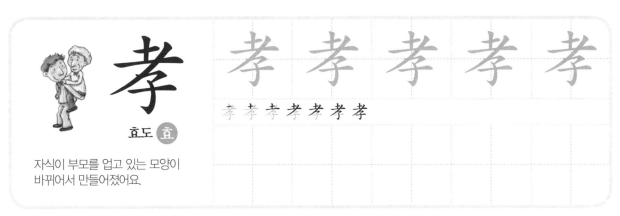

孝
효도 **효**

자식이 부모를 업고 있는 모양이
바뀌어서 만들어졌어요.

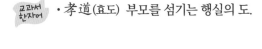

교과서
한자어
- 孝道(효도) 부모를 섬기는 행실의 도.
- 孝女(효녀) 효성이 지극한 딸.

부수 子   총획 7획

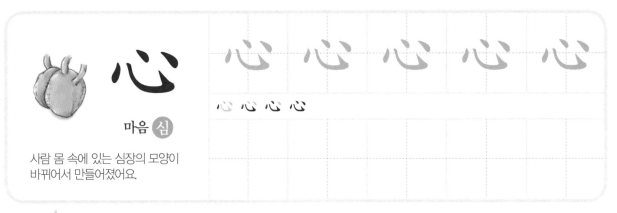

心
마음 **심**

사람 몸 속에 있는 심장의 모양이
바뀌어서 만들어졌어요.

교과서
한자어
- 心事(심사) 마음 속에 생각하는 일.
- 孝心(효심) 효도하는 마음.

부수 心   총획 4획

祖
할아버지 **조**

사당에 모신 조상의 위패의 모양이
바뀌어서 만들어졌어요.

교과서
한자어
- 祖上(조상) 돌아가신 어버이 위로 대대의 어른.
- 祖國(조국) 조상 때부터 대대로 살아 온 나라.

부수 示   총획 10획

52

老

늙을 로

노인이 지팡이를 짚고 서 있는 모양이 바뀌어서 만들어졌어요.

老 老 老 老 老

老老老老老老

교과서 한자어 ·老人(노인) 늙은 사람. 나이가 많은 사람. ·老母(노모) 늙은 어머니.

부수 老 총획 6획

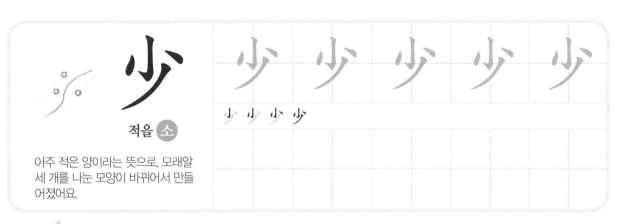

少

적을 소

아주 적은 양이라는 뜻으로, 모래알 세 개를 나눈 모양이 바뀌어서 만들어졌어요.

少 少 少 少 少

小 小 小 少

교과서 한자어 ·少女(소녀) 아주 어리지도 않고 성숙하지도 않은 여자 아이.
·少數(소수) 적은 수효. ↔ 다수(多數).

부수 小 총획 4획

 빈칸에 알맞은 음과 한자를 쓰세요.

❶ 孝道 (⬚ 도)   ❷ 祖國 (⬚ ⬚)   ❸ 孝心 (⬚ ⬚)

❹ ⬚ 數 (소수)   ❺ ⬚ ⬚ (노인)   ❻ ⬚ ⬚ (효녀)

家
집 가

집안에 돼지가 있는 모양이 바뀌어서 만들어졌어요.

家 家 家 家 家

家家家家家宀家家家家

교과서 한자어 · 家門(가문) 집안. 문중(門中).   · 家事(가사) 집안 살림에 관한 일.

부수 宀 총획 10획

主
임금 · 주인 주

촛대 위의 심지에 불이 타고 있는 모양이 주위를 밝히는 중심이 된다는 의미에서 만들어졌어요.

主 主 主 主 主

主 主 主 主 主

교과서 한자어 · 主人(주인) 한 집안의 주장이 되는 사람.
· 主語(주어) 한 문장의 주체가 되는 말. 임자말.

부수 丶 총획 5획

夫
지아비 부

옛날에는 성년이 되면 머리에 상투를 올리고 비녀를 꽂았는데, 그 모습이 바뀌어서 만들어졌어요.

夫 夫 夫 夫 夫

夫 夫 夫 夫

교과서 한자어 · 夫人(부인) 남의 아내의 높임말.   · 有夫女(유부녀) 남편이 있는 여자.

부수 大 총획 4획

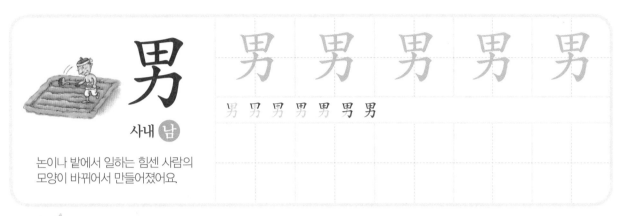

男

사내 남

논이나 밭에서 일하는 힘센 사람의
모양이 바뀌어서 만들어졌어요.

男 男 男 男 男

男 男 男 男 男 男 男

교과서
한자어
· 男女(남녀) 남자와 여자.
· 男女老少(남녀노소) 남자와 여자, 노인과 젊은이. 모든 사람.

부수 田 총획 7획

子

아들 자

두 팔을 벌리고 있는 아기의 모양이
바뀌어서 만들어졌어요.

子 子 子 子 子

子 子 子

교과서
한자어
· 子女(자녀) 아들과 딸.   · 父子(부자) 아버지와 아들.

부수 子 총획 3획

 빈칸에 알맞은 음과 한자를 쓰세요.

❶ 主人 (   )   ❷ 家門 (   )   ❸ 有夫女 (   )

❹ [   ] (남녀)   ❺ [   ] (부자)   ❻ [   ] (자녀)

월   일

오전   :
오후

手
손 수

다섯 손가락을 편 모양이 바뀌어서
만들어졌어요.

교과서
한자어
· 手足(수족) 손발. 손발처럼 마음대로 부리는 사람의 비유.
· 名手(명수) 솜씨나 소질이 뛰어난 사람.

부수 手   총획 4획

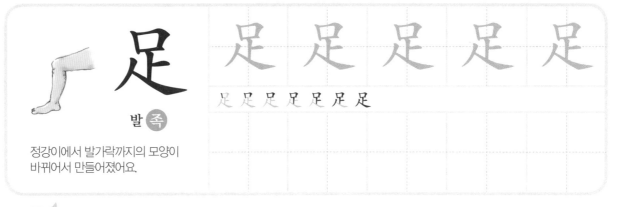

足
발 족

정강이에서 발가락까지의 모양이
바뀌어서 만들어졌어요.

교과서
한자어
· 不足(부족) 일정한 기준이나 한도에 미치지 못하는 상태에 있는 것. 모자람.
· 足足(족족) 매우 넉넉함.

부수 足   총획 7획

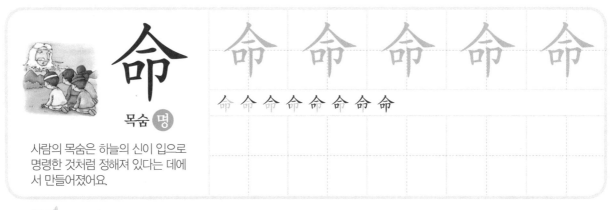

命
목숨 명

사람의 목숨은 하늘의 신이 입으로
명령한 것처럼 정해져 있다는 데에
서 만들어졌어요.

교과서
한자어
· 生命(생명) 사람이 살아서 숨쉬고 활동할 수 있게 하는 힘. 목숨.
· 人命(인명) 사람의 목숨.

부수 口   총획 8획

56

食

밥·먹을 (식)

食 食 食 食 食

食食食食食食食食食

그릇에 밥이 담긴 모양으로, '먹다'를 나타내는 글자로 쓰이게 되었어요.

교과서
한자어
· 食口(식구) 같은 집에서 끼니를 함께 하며 사는 사람.
· 食事(식사) 음식을 먹음.

부수 食 총획 9획

事

일 (사)

事 事 事 事 事

事事事事事事事

신에게 기원하는 말을 쓴 나무를 손에 들고 있는 모양으로, 일을 나타내는 글자로 쓰이게 되었어요.

교과서
한자어
· 事後(사후) 일이 끝난 뒤. ↔ 사전(事前).
· 農事(농사) 씨나 모종을 심어 기르고 거두는 일.

부수 亅 총획 8획

 빈칸에 알맞은 음과 한자를 쓰세요.

❶ 不足 (부 [ ]) ❷ 手足 ([ ]) ❸ 事後 ([ ])

❹ 農 [ ] (농사) ❺ [ ] (식구) ❻ [ ] (생명)

農
농사 **농**

農 農 農 農 農

農農農農農農農農農農農農農

밭에서 호미를 들고 일하는 모습이
바뀌어서 만들어졌어요.

교과서
한자어 ・農夫(농부) 농사를 짓는 사람. 농군.   ・農土(농토) 농사를 짓는 데 쓰이는 땅.   부수 辰 총획 13획

村
마을 **촌**

村 村 村 村 村

村村村村村村村

나무에 둘러싸여 있는 작은 마을의
모습이 바뀌어서 만들어졌어요.

교과서
한자어 ・村民(촌민) 시골에 사는 사람.   ・村長(촌장) 한 마을의 우두머리.   부수 木 총획 7획

全
온전 **전**

全 全 全 全 全

全全全全全全

산에서 캐낸 옥 중에서 흠없는 옥만
골라 갖고 온다는 데에서 '온전하다'
는 의미로 만들어졌어요.

교과서
한자어 ・全面(전면) 모든 면.   ・全國(전국) 한 나라의 전체. 온 나라.   부수 入 총획 6획

市

저자 **시**

물건과 사람이 모여드는 모양으로, 시장을 나타내는 글자로 쓰이게 되었어요.

市 市 市 市 市

市 市 市 市 市

교과서 한자어
• 市民(시민) 시의 주민. 국정에 참여할 지위에 있는 국민.
• 市內(시내) 도시의 안.

부수 巾 총획 5획

內

안 **내**

사람이 집안에 들어가는 모양이 바뀌어서 만들어졌어요.

內 內 內 內 內

內 內 內 內

교과서 한자어
• 內外(내외) 안과 밖. 국내와 외국. 부부.
• 內面(내면) 안쪽. 사람의 정신이나 심리에 관한 면. ↔ 외면(外面).

부수 入 총획 4획

 빈칸에 알맞은 음과 한자를 쓰세요.

❶ 全面 (⬚ 면) ❷ 農夫 (⬚) ❸ 村長 (⬚)

❹ ⬚ 國 (전국) ❺ ⬚ 土 (농토) ❻ ⬚ (시내)

 뜻에 맞는 한자와 음을 찾아 연결해 보세요.

1 집 • • 動 • • 동

2 물건 • • 祖 • • 가

3 마음 • • 家 • • 물

4 움직이다 • • 物 • • 심

5 할아버지 • • 心 • • 조

6 아들 • • 子 • • 시

7 일 • • 手 • • 수

8 저자 • • 村 • • 자

9 마을 • • 市 • • 사

10 손 • • 事 • • 촌

뜻과 음에 알맞게 한자를 완성해 보세요.

①

심을 식

②

효도 효

③

사내 남

④

밥·먹을 식

⑤

발 족

⑥

농사 농

 한자어에 알맞은 뜻을 찾아 연결해 보세요.

① 老人(노인) •

② 花草(화초) •

③ 子女(자녀) •

④ 事後(사후) •

⑤ 市內(시내) •

• 꽃이 피는 풀과 나무.

• 아들과 딸.

• 일이 끝난 뒤.

• 도시의 안.

• 늙은 사람. 나이가 많은 사람.

월   일
오전
오후   :

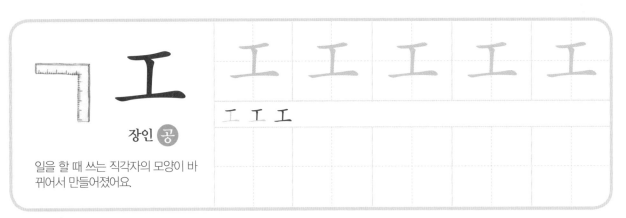

工

장인 **공**

일을 할 때 쓰는 직각자의 모양이 바
뀌어서 만들어졌어요.

工 工 工

📖 교과서
한자어
· 工夫(공부) 학문과 기술을 배우고 익힘.
· 工業(공업) 원료를 써서 물건을 만드는 일.

부수 工   총획 3획

場

마당 **장**

햇볕이 잘 들고 비교적 넓은 양지 쪽
의 땅이 바뀌어서, 마당을 뜻하는 글
자로 쓰이게 되었어요.

場 場 場 場 場 場 場 場 場 場 場 場

📖 교과서
한자어
· 場所(장소) 무엇이 있거나 일이 벌어지거나 하는 곳. 자리.
· 農場(농장) 농지와 농사에 필요한 설비를 갖추고 농업을 하는 장소.

부수 土   총획 12획

每

매양 **매**

머리에 비녀를 꽂고 있는 어머니의 모
양으로, 자식에게 어머니는 매양 좋은
사람이라는 데에서 만들어졌어요.

每 每 每 每 每 每 每

📖 교과서
한자어
· 每年(매년) 차례로 돌아오는 그 해. 해마다.
· 每事(매사) 하나 하나의 모든 일. 일마다.

부수 毋   총획 7획

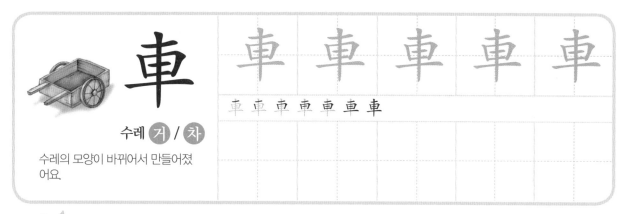

車

수레 거 / 차

수레의 모양이 바뀌어서 만들어졌
어요.

車 車 車 車 車

 교과서 한자어
· 人力車(인력거) 사람을 태워 끄는 두 개의 큰 바퀴가 달린 수레.
· 自動車(자동차) 동력으로써 바퀴를 돌려 달리게 만든 차.

부수 車   총획 7획

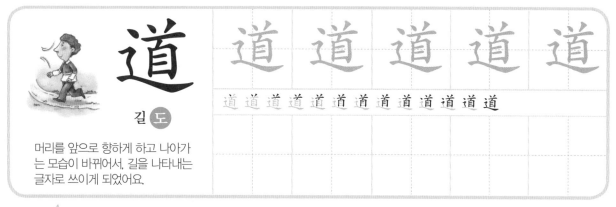

道

길 도

머리를 앞으로 향하게 하고 나아가
는 모습이 바뀌어서, 길을 나타내는
글자로 쓰이게 되었어요.

道 道 道 道 道 道 道 道 道 道 道 道

교과서 한자어
· 人道(인도) 사람이 다니는 길.   · 道場(도장) 무예를 수련하는 곳.

부수 辶(辵)   총획 13획

 빈칸에 알맞은 음과 한자를 쓰세요.

❶ 工夫 (⬜ 부) ❷ 農場 (⬜ ⬜) ❸ 人力車 (⬜ ⬜ ⬜)

❹ 自動 ⬜ (자동차) ❺ 人 ⬜ (인도) ❻ ⬜ ⬜ (매년)

邑
고을 읍

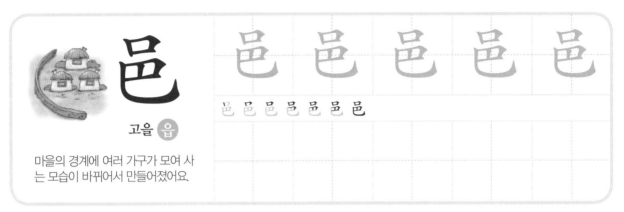

邑 邑 邑 邑 邑

邑 邑 邑 邑 邑 邑 邑

마을의 경계에 여러 가구가 모여 사
는 모습이 바뀌어서 만들어졌어요.

교과서
한자어
· 邑長(읍장) 읍의 행정 사무를 통괄하는 우두머리.
· 市邑面(시읍면) 시와 읍과 면.

부수 邑   총획 7획

面
낯 면

面 面 面 面 面

面 面 面 面 面 面 面 面

눈, 코, 얼굴의 모양이 바뀌어서 만들
어졌어요.

교과서
한자어
· 面前(면전) 보고 있는 바로 앞. 얼굴 앞.   · 面會(면회) 얼굴을 대하여 만나 봄.

부수 面   총획 9획

洞
골 동

洞 洞 洞 洞 洞

洞 洞 洞 洞 洞 洞 洞 洞 洞

골짜기의 물이 흐르는 곳에서 사람
이 모여 사는 것으로, 마을을 나타내
는 글자로 쓰이게 되었어요.

교과서
한자어
· 洞口(동구) 동네 어귀.   · 洞長(동장) 행정 구역의 단위인 동사무소의 장.

부수 氵(水)   총획 9획

住

살 주

사람이 일정한 곳에 머물러 살아가
는 모습이 바뀌어서 만들어졌어요.

住 住 住 住 住 住 住

교과서
한자어 ·住民(주민) 일정한 지역에 사는 사람.   ·入住(입주) 살러 들어감.   부수 亻(人) 총획 7획

所

바(곳) 소

큰 통나무가 도끼에 찍혀 반쯤 벌어져
있는 모습이 바뀌어서 만들어졌어요.

所 所 所 所 所 所 所 所

교과서
한자어 ·所有(소유) 자기 것으로 가지는 일.
·住所(주소) 실질적인 생활의 근거가 되는 거주지를 말함.   부수 戶 총획 8획

 빈칸에 알맞은 음과 한자를 쓰세요.

❶ 面會 ([　] 회) ❷ 洞口 ([　] 구) ❸ 市邑面 (시 [　])

❹ [　] 民 (주민) ❺ [　] 有 (소유) ❻ [　] (주소)

DAY 23

월   일
오전
오후   :

便

便 便 便 便 便

便 便 便 便 便 便 便 便 便

편할 편 / 오줌 변

부지깽이로 화덕의 불을 쑤석거리면 편하게 불을 지필수 있어서 '편하다' 라는 의미로 쓰이게 되었어요.

교과서 한자어
• 便安(편안) 무사함. 몸과 마음이 거북하지 않고 한결같이 좋음.
• 便所(변소) 대소변을 볼 수 있게 만들어 놓은 곳.
부수 亻(人) 총획 9획

紙

紙 紙 紙 紙 紙

紙 紙 紙 紙 紙 紙 紙 紙 紙 紙

종이 지

닥나무를 가공하여 채에 걸러내어 말려서, 종이를 만드는 모습이 바뀌어서 만들어졌어요.

교과서 한자어
• 紙面(지면) 종이의 겉면. 글 쓸 종이. 신문 등의 기사를 싣는 면.
• 便紙(편지) 소식을 적어 보내는 글.
부수 糸 총획 10획

來

來 來 來 來 來

來 來 來 來 來 來 來 來

올 래

옛날에는 보리가 하늘에서 내려오는 것이라고 생각해서 그 모양이 바뀌어서 만들어졌어요.

교과서 한자어
• 來日(내일) 오늘의 바로 다음 날. 명일.
• 來年(내년) 올해의 다음 해.
부수 人 총획 8획

66

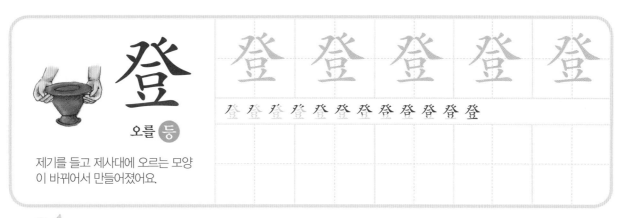

登
오를 (등)

제기를 들고 제사대에 오르는 모양
이 바뀌어서 만들어졌어요.

登 登 登 登 登
登登登登登登登登登登登

교과서
한자어
• 登山(등산) 산에 오르거나 올라갔다 내려오는 것.
• 登場(등장) 무대나 연단 위에 나옴.

부수 癶 　총획 12획

記
기록할 (기)

무릎을 꿇고 말하는 것을 적는 모습
이 바뀌어서 만들어졌어요.

記 記 記 記 記
記記記記記記記記記記

교과서
한자어
• 記入(기입) 필요한 내용을 적어 넣는 것.
• 登記(등기) 민법상의 권리나 사실을 알리기 위해 관련 사항을 등기부에 적는 것.

부수 言 　총획 10획

 빈칸에 알맞은 음과 한자를 쓰세요.

❶ 便安 (　안) ❷ 紙面 (　면) ❸ 登記 (　)

❹ [ ]入 (기입) ❺ [ ]山 (등산) ❻ [　] (내일)

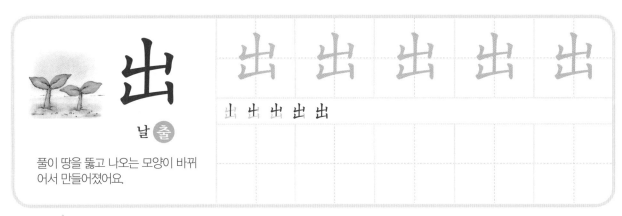

出

날 출

풀이 땅을 뚫고 나오는 모양이 바뀌어서 만들어졌어요.

出 出 出 出 出

・出生地(출생지) 태어난 곳.
・出動(출동) 군대·경찰 등이 현장에 가서 활동하기 위해 감.

부수 ㄴ   총획 5획

入

들 입

동굴의 입구 모양이 바뀌어서 만들어졌어요.

入 入

・入國(입국) 자기 나라나 남의 나라에 들어감.
・入場(입장) 경기장 등의 장내로 들어감.

부수 入   총획 2획

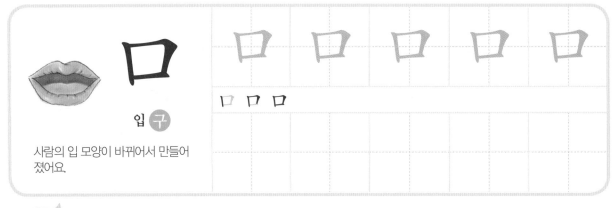

口

입 구

사람의 입 모양이 바뀌어서 만들어졌어요.

口 口 口

・人口(인구) 한 나라 또는 일정한 지역에 사는 사람의 총수.
・入口(입구) 들어갈 수 있도록 문을 낸 곳.

부수 口   총획 3획

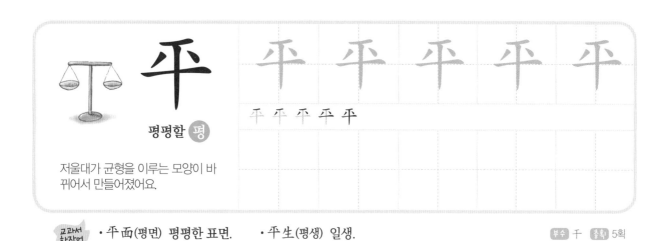

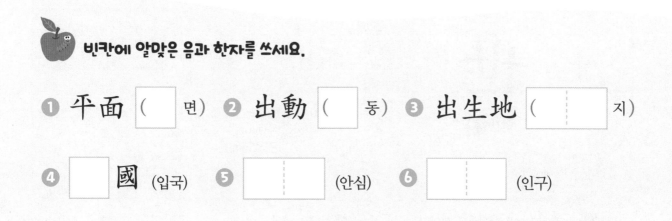

平 평평할 (평)

저울대가 균형을 이루는 모양이 바뀌어서 만들어졌어요.

平 平 平 平 平

平平平平平

교과서 한자어 ·平面(평면) 평평한 표면. ·平生(평생) 일생. 부수 干 총획 5획

安 편안 (안)

여자가 집안에 있는 모양으로, 편안한 것을 나타내는 글자로 쓰이게 되었어요.

安 安 安 安 安

安安安安安安

교과서 한자어 ·安心(안심) 마음을 편안히 가짐. ·安全(안전) 평안하여 위험이 없음. 탈이 없음. 부수 宀 총획 6획

빈칸에 알맞은 음과 한자를 쓰세요.

① 平面 (　 면) ② 出動 (　 동) ③ 出生地 (　 | 　 지)

④ □ 國 (입국) ⑤ □ | □ (안심) ⑥ □ | □ (인구)

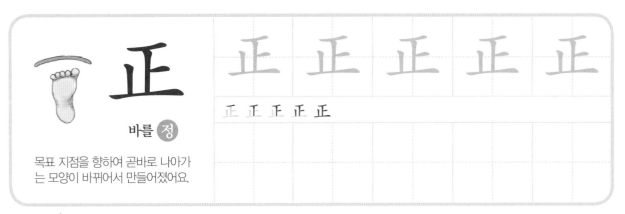

正

바를 정

목표 지점을 향하여 곧바로 나아가
는 모양이 바뀌어서 만들어졌어요.

교과서
한자어
· 正答(정답) 바른 답. 옳은 답.
· 正直(정직) 거짓·허식이 없이 마음이 바르고 곧음.

부수 止   총획 5획

直

곧을 직

똑바로 서 있는 물체를 보는 모습이
바뀌어서 만들어졌어요.

교과서
한자어
· 直立(직립) 똑바로 섬. 꼿꼿이 섬.   · 直前(직전) 바로 앞. 일이 생기기 바로 전.

부수 目   총획 8획

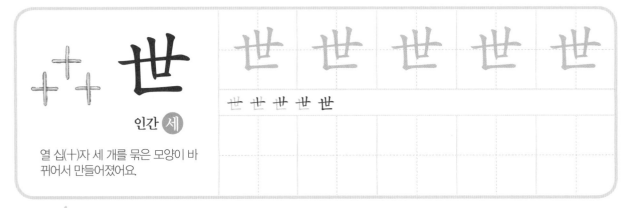

世

인간 세

열 십(十)자 세 개를 묶은 모양이 바
뀌어서 만들어졌어요.

교과서
한자어
· 世上(세상) 사람들이 살아가는 곳. 사는 동안. (특정) 시대.
· 世間(세간) 사람들이 살아가는 곳. 세상.

부수 一   총획 5획

問

물을 **문**

문 앞에서 집안에 있는 사람에게 말을 하는 모습이 바뀌어서 만들어졌어요.

問 問 問 問 問

問 問 問 問 問 問 問 問 問 問

교과서 한자어
• 問答(문답) 물음과 대답.　　• 問安(문안) 아랫사람이 웃어른께 안부를 여쭘.

부수 口　총획 11획

答

대답할 **답**

셈할 때 쓰는 대나무 막대와 수를 대조하는 모습이 바뀌어서 만들어졌어요.

答 答 答 答 答

答 答 答 答 答 答 答 答 答 答 答 答

교과서 한자어
• 直答(직답) 그 자리에서 바로 대답함. 직접 답함.

부수 竹　총획 12획

• 東問西答(동문서답) '동쪽을 묻는데 서쪽을 대답한다는 뜻'으로, 묻는 말에 대하여 아주 딴판인 엉뚱한 대답.

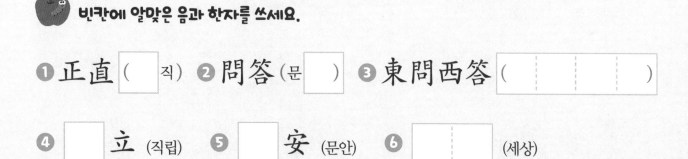
빈칸에 알맞은 음과 한자를 쓰세요.

❶ 正直 (　 직)　❷ 問答 (문　)　❸ 東問西答 (　 | 　 | 　 | 　)

❹ □ 立 (직립)　❺ □ 安 (문안)　❻ □ | □ (세상)

 뜻에 맞는 한자와 음을 찾아 연결해 보세요.

❶	오르다	•	•	工	•	•	등
❷	낮	•	•	道	•	•	면
❸	바(곳)	•	•	所	•	•	소
❹	길	•	•	面	•	•	도
❺	장인	•	•	登	•	•	공
❻	들어오다	•	•	記	•	•	기
❼	나가다	•	•	出	•	•	문
❽	기록하다	•	•	入	•	•	세
❾	묻다	•	•	世	•	•	입
❿	인간	•	•	問	•	•	출

뜻과 음에 알맞게 한자를 완성해 보세요.

① 坮
마당 장

② 邑
고을 읍

③ 紙
종이 지

④ 來
올 래

⑤ 平
평평할 평

⑥ 直
곧을 직

 한자어에 알맞은 뜻을 찾아 연결해 보세요.

① 每年(매년) •

② 住民(주민) •

③ 便安(편안) •

④ 入口(입구) •

⑤ 東問西答
(동문서답) •

• '동쪽을 묻는데 서쪽을 대답한다는 뜻'으로 묻는 말에 대하여 아주 딴판인 대답.

• 들어갈 수 있도록 문을 낸 곳.

• 무사함. 몸과 마음이 거북하지 않고 한결같이 좋음.

• 일정한 지역에 사는 사람.

• 차례로 돌아오는 그 해. 해마다.

語
말씀 어

자기의 주장을 설득력 있게 말하여 알리는 모습이 바뀌어서 만들어졌어요.

語 語 語 語 語
語語語語語語語語語語語語

교과서 한자어 · 語學(어학) 외국어를 학습하는 학문.   · 語氣(어기) 말하는 기세. 말의 기운.   부수 言 총획 14획

文
글월 문

사람의 몸에 무늬를 새기는 모양이 바뀌어서 만들어졌어요.

文 文 文 文 文
文 文 文 文

교과서 한자어 · 文字(문자) 말의 음과 뜻을 표시하는 시각적 기호. 글자.   부수 文 총획 4획
· 文物(문물) 법률·학문·예술·종교 같은 문화의 산물.

歌
노래 가

입을 크게 벌리고 노래하는 모습이 바뀌어서 만들어졌어요.

歌 歌 歌 歌 歌
歌歌歌歌歌歌歌歌歌歌歌歌歌歌

교과서 한자어 · 歌手(가수) 노래 부르는 것을 직업으로 하는 사람.   부수 欠 총획 14획
· 校歌(교가) 학교를 상징하는 노래.

漢 漢 漢 漢 漢

漢漢漢漢漢漢漢漢漢漢漢漢漢漢

한나라 · 물이름 한

양쯔강 상류라는 뜻에서, 이 지역 나라 이름인 '한나라'라는 의미로 쓰이게 되었어요.

 교과서 한자어
• 漢江(한강) 우리 나라의 중부를 흐르는 강.
• 漢文(한문) 한자를 가지고 옛 중국어의 문법에 따라 지은 문장.

부수 氵(水)　총획 14획

字 字 字 字 字

字字字字字字

글자 자

집에서 아이를 낳아 기르는 모양이 바뀌어서 만들어졌어요.

 교과서 한자어
• 文字(문자) 말의 소리나 뜻을 나타내는 글자.
• 漢字(한자) 중국어를 표기하는 중국 고유의 문자.

부수 子　총획 6획

 빈칸에 알맞은 음과 한자를 쓰세요.

❶ 校歌 (교 [　]) ❷ 文物 ([　] 물) ❸ 漢文 ([　])

❹ [　] 手 (가수) ❺ [　] 學 (어학) ❻ [　] (문자)

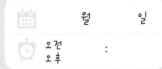

百

일백 백

막대 하나와 코를 앞에서 본 모양으로, 수가 많은 것을 나타내는 글자로 쓰이게 되었어요.

교과서 한자어 · 百萬(백만) 만의 백 갑절. 썩 많은 수.   · 百姓(백성) 일반 국민의 예스러운 말.   부수 白 총획 6획

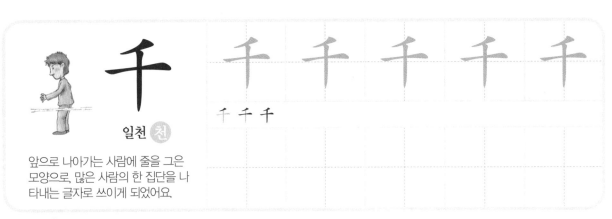

千

일천 천

앞으로 나아가는 사람에 줄을 그은 모양으로, 많은 사람의 한 집단을 나타내는 글자로 쓰이게 되었어요.

교과서 한자어 · 千萬金(천만금) 썩 많은 돈이나 값어치.   부수 十 총획 3획
· 千字文(천자문) 한자 천 자를 모아 지은 한문 학습서.

午

낮 오

절구공이를 세운 모양으로, 막대를 꽂아 한낮임을 알았다는 데에서 만들어졌어요.

교과서 한자어 · 午後(오후) 정오로부터 밤 12시까지의 동안.   · 正午(정오) 낮 12시.   부수 十 총획 4획

算

셈 산

손으로 조개와 대나무의 수를 세어 헤아리는 모습이 바뀌어서 만들어 졌어요.

算 算 算 算 算

算算算算算算算算算算算算算算

교과서 한자어
· 算數(산수) 기초적인 셈법. 수학.
· 計算(계산) 식을 연산하여 값을 구하여 내는 일. 셈.

부수 竹   총획 14획

數

셈 수

여자가 머리에 물건을 이고 손이나 막대기로 어떤 물건의 수를 헤아리는 모습이 바뀌어서 만들어졌어요.

數 數 數 數 數

數數數數數數數數數數數數數數數

교과서 한자어
· 數學(수학) 수 및 공간 도형의 성질을 논하는 학문의 총칭.
· 名數(명수) 사람의 수효.

부수 攵   총획 15획

 빈칸에 알맞은 음과 한자를 쓰세요.

❶ 計算 (계 [ ]) ❷ 午後 ([ ] 후) ❸ 算數 ([ ])

❹ [ ] 姓 (백성) ❺ [ ] 文 (천자문) ❻ [ ] (정오)

時
때 시

해가 떠서 사람이 활동하는 모습이
바뀌어서 만들어졌어요.

時 時 時 時 時

時 時 時 時 時 時 時 時 時

교과서
한자어
• 時間(시간) 어떤 시각에서 어떤 시각과의 사이.
• 時空(시공) 시간과 공간.

부수 日 총획 10획

空
빌 공

막대기 하나가 놓여 있는 모양이
바뀌어서 만들어졌어요.

空 空 空 空 空

空 空 空 空 空 空 空 空

교과서
한자어
• 空間(공간) 아무것도 없이 비어 있는 곳.
• 空軍(공군) 항공기를 주요 수단으로 공중에서의 싸움을 주임무로 하는 군대.

부수 穴 총획 8획

間
사이 간

문틈으로 햇빛이 들어오는 모양이
바뀌어서 만들어졌어요.

間 間 間 間 間

間 間 間 間 間 間 間 間 間 間 間

교과서
한자어
• 間食(간식) 끼니 외에 먹는 음식. 샛밥.
• 年間(연간) 한 해 동안.

부수 門 총획 12획

重 重 重 重 重 重

重重重重重重重重重

무거울 중

사람이 등에 짐을 지고 서 있는 모양
이 바뀌어서 만들어졌어요.

교과서
한자어
- 重大(중대) 매우 중요함.
- 重力(중력) 지표 부근의 물체를 지구의 중심 방향으로 끌어당기는 힘.

부수 里　총획 9획

力 力 力 力 力

力 力

힘 력

물건을 들어올릴 때 팔에 생기는 근
육의 모양이 바뀌어서 만들어졌어요.

교과서
한자어
- 力道(역도) 역기를 들어 올리는 경기.
- 力不足(역부족) 힘이 모자람. 기량이 미치지 못함.

부수 力　총획 2획

 빈칸에 알맞은 음과 한자를 쓰세요.

① 空軍 (　군) ② 時空 (　　) ③ 力不足 (　　　)

④ ☐力 (중력) ⑤ 空☐ (공간) ⑥ ☐☐ (역도)

가장 쉬운 초등한자 따라쓰기 7급　79

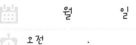

電

번개 전

비가 내릴 때 빛이 떨어지는 모양이
바뀌어서 만들어졌어요.

電 電 電 電 電
電電電電電電電電電電電電電

교과서
한자어
· 電氣(전기) 물질 안에 있는 전자의 이동으로 생기는 에너지의 한 형태.
· 電動車(전동차) 전력으로 달릴 수 있게 만든 차량.

부수 電　총획 13획

話

말씀 화

사람이 말을 하는 모양이 바뀌어서
만들어졌어요.

話 話 話 話 話
話話話話話話話話話話話話

교과서
한자어
· 話者(화자) 말하고 있는 사람.　· 手話(수화) 손짓으로 하는 말.

부수 言　총획 13획

同

한가지 동

몸체와 뚜껑이 잘 맞도록 만들어진
통의 모양이 바뀌어서 만들어졌어요.

同 同 同 同 同
同同同同同同

교과서
한자어
· 同生(동생) 아우와 손아랫누이를 통틀어 일컫는 말.
· 同時(동시) 같은 때. 같은 시간.

부수 口　총획 6획

80

姓 姓 姓 姓 姓

姓 姓 姓 姓 姓 姓 姓

성 성

여성의 출산을 통해 성씨를 부여받는 모습이 바뀌어서 만들어졌어요.

교과서 한자어 ・姓名(성명) 성과 이름.   ・姓氏(성씨) 성을 높여 이르는 말.

부수 女 총획 8획

名 名 名 名 名

名 夕 夕 名 名 名

이름 명

깜깜한 밤에 상대편에게 자기 이름을 말하는 모습이 바뀌어서 만들어졌어요.

교과서 한자어 ・名文(명문) 잘 지은 글. 훌륭한 글.   ・人名(인명) 사람의 이름.

부수 口 총획 6획

빈칸에 알맞은 음과 한자를 쓰세요.

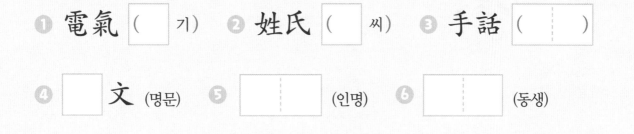

① 電氣 ([ ]기)   ② 姓氏 ([ ]씨)   ③ 手話 ([ ])

④ [ ] 文 (명문)   ⑤ [ ] (인명)   ⑥ [ ] (동생)

DAY 30

월   일

오전
오후   :

不

아닐 부 / 불

不   不   不   不   不

不 不 不

새가 하늘 높이 올라가 돌아오지 않
는 모양이 바뀌어서 만들어졌어요.

교과서
한자어

· 不老長生(불로장생) 늙지 않고 오래오래 삶.   · 不知(부지) 알지 못함.

부수 一   총획 4획

立

설 립

立   立   立   立   立

立 立 立 立 立

사람이 땅 위에 서 있는 모양이 바뀌
어서 만들어졌어요.

교과서
한자어

· 立國(입국) 나라를 세우는 것.   · 立場(입장) 당면하고 있는 처지. 경우.

부수 立   총획 5획

旗

기 기

旗   旗   旗   旗   旗

旗 旗 旗 旗 旗 旗 旗 旗 旗 旗 旗 旗 旗 旗

기를 세워 휘날리는 모양이 바뀌어
서 만들어졌어요.

교과서
한자어

· 旗手(기수) 군대나 단체 따위의 행렬 또는 행진에서, 앞에서 기를 드는 사람.
· 國旗(국기) 국가를 상징하는 기.

부수 方   총획 14획

82

活

살 활

물이 흐르고 샘솟는 활기찬 모습이
바뀌어서 만들어졌어요.

活 活 活 活 活 活 活 活 活

교과서
한자어
 • 活力(활력) 생기 있는 기운. 또, 왕성한 생활 의욕이나 기력.   부수 氵(水)   총획 9획
 • 生活(생활) 살아서 활동함.

休

쉴 휴

나무 그늘에서 쉬는 모습이 바뀌어
서 만들어졌어요.

休 休 休 什 休 休

교과서
한자어
 • 休日(휴일) 일을 쉬고 노는 날.   • 休校(휴교) 학교가 수업을 한동안 쉼.   부수 亻(人)   총획 6획

 빈칸에 알맞은 음과 한자를 쓰세요.

① 立國 (☐국)   ② 國旗 (국☐)   ③ 不老長生 (☐ ☐ 장생)

④ ☐力 (활력)   ⑤ ☐知 (부지)   ⑥ ☐☐ (휴일)

월   일

오전
오후   :

 뜻에 맞는 한자와 음을 찾아 연결해 보세요.

❶ 말씀 •   • 千 •   • 가

❷ 노래 •   • 午 •   • 공

❸ 비다 •   • 語 •   • 어

❹ 일천 •   • 歌 •   • 천

❺ 낮 •   • 空 •   • 오

❻ 아니다 •   • 名 •   • 간

❼ 쉬다 •   • 同 •   • 명

❽ 사이 •   • 不 •   • 동

❾ 이름 •   • 休 •   • 불/부

❿ 한가지 •   • 間 •   • 휴

🐝 뜻과 음에 알맞게 한자를 완성해 보세요.

❶ 丙

일백 백

❷ 漢

한나라 한

❸ 時

때 시

❹ 電

번개 전

❺ 話

말씀 화

❻ 其

기 기

🐞 한자어에 알맞은 뜻을 찾아 연결해 보세요.

❶ 數學(수학) •

❷ 文字(문자) •

❸ 重力(중력) •

❹ 姓名(성명) •

❺ 生活(생활) •

• 지표 부근의 물체를 지구의 중심 방향으로 끌어당기는 힘.

• 수 및 공간 도형의 성질을 논하는 학문의 총칭.

• 성과 이름.

• 살아서 활동함.

• 말의 소리나 뜻을 나타내는 글자.

🍎 다음 뜻에 알맞은 한자를 <보기>에서 찾아 번호를 쓰세요.

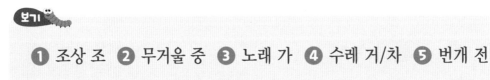

보기

❶ 答　　❷ 姓　　❸ 直　　❹ 植　　❺ 問

1. 심다

2. 곧다

3. 묻다

4. 대답하다

5. 성씨

🍎 다음 한자에 알맞은 뜻과 음을 <보기>에서 찾아 번호를 쓰세요.

보기

❶ 조상 조　❷ 무거울 중　❸ 노래 가　❹ 수레 거/차　❺ 번개 전

6. 歌

7. 車

8. 祖

9. 重

10. 電

 다음 한자에서 진하게 표시한 획은 몇 번째로 쓰는지 숫자로 쓰세요.

11.

12.

13.

14.

15.

 다음 밑줄 친 부분을 뜻하는 한자를 〈보기〉에서 찾아 번호를 쓰세요.

보기

❶ 數   ❷ 正   ❸ 道   ❹ 花   ❺ 主

16. 길에 눈이 소복하게 쌓였습니다.

17. 자세를 바르게 하고 앉으세요.

18. 길가의 꽃이라도 꺾으면 안 됩니다.

19. 떨어진 지갑의 주인을 찾아 돌려주었습니다.

20. 바구니에 담긴 사과의 갯수를 세어보세요.

6급

6급 한자 모아보기

角 뿔 각	各 각각 각	感 느낄 감	強 강할 강	開 열 개	京 서울 경	界 지경 계	計 셀 계
古 예 고	高 높을 고	苦 쓸 고	功 공 공	公 공평할 공	共 한가지 공	果 실과 과	科 과목 과
光 빛 광	交 사귈 교	區 구분할 구	球 공 구	郡 고을 군	近 가까울 근	根 뿌리 근	今 이제 금
急 급할 급	級 등급 급	多 많을 다	短 짧을 단	堂 집 당	代 대신할 대	待 기다릴 대	對 대할 대
度 법도 도, 헤아릴 탁	圖 그림 도	讀 읽을 독, 구절 두	童 아이 동	頭 머리 두	等 무리 등	樂 즐길 락, 노래 악, 좋아할 요	
例 법식 례	禮 예도 례	路 길 로	綠 푸를 록	李 오얏·성(姓) 리	利 이할 리	理 다스릴 리	明 밝을 명
目 눈 목	聞 들을 문	米 쌀 미	美 아름다울 미	朴 성(姓) 박	反 돌이킬·돌아올 반	半 반 반	班 나눌 반
發 필 발	放 놓을 방	番 차례 번	別 다를·나눌 별	病 병 병	服 옷 복	本 근본 본	部 떼 부
分 나눌 분	社 모일 사	使 하여금·부릴 사	死 죽을 사	書 글 서	石 돌 석	席 자리 석	線 줄 선

雪	成	省	消	速	孫	樹	術
눈 설	이룰 성	살필 성, 덜 생	사라질 소	빠를 속	손자 손	나무 수	재주 술
習	勝	始	式	神	身	信	新
익힐 습	이길 승	비로소 시	법 식	귀신 신	몸 신	믿을 신	새 신
失	愛	夜	野	弱	藥	洋	陽
잃을 실	사랑 애	밤 야	들 야	약할 약	약 약	큰바다 양	볕 양
言	業	永	英	溫	用	勇	運
말씀 언	업 업	길 영	꽃부리 영	따뜻할 온	쓸 용	날랠 용	옮길 운
園	遠	由	油	銀	音	飲	衣
동산 원	멀 원	말미암을 유	기름 유	은 은	소리 음	마실 음	옷 의
意	醫	者	作	昨	章	才	在
뜻 의	의원 의	놈 자	지을 작	어제 작	글 장	재주 재	있을 재
戰	定	庭	第	題	朝	族	注
싸움 전	정할 정	뜰 정	차례 제	제목 제	아침 조	겨레 족	부을 주
晝	集	窓	淸	體	親	太	通
낮 주	모을 집	창 창	맑을 청	몸 체	친할 친	클 태	통할 통
特	表	風	合	行	幸	向	現
특별할 특	겉 표	바람 풍	합할 합	다닐 행, 항렬 항	다행 행	향할 향	나타날 현
形	號	和	畫	黃	會	訓	
모양 형	이름 호	화할 화	그림 화, 그을 획	누를 황	모일 회	가르칠 훈	

월   일

오전
오후   :

角

뿔 **각**

끝이 뾰족한 동물의 뿔을 본떠서 만든 글자예요.

角 角 角 角 角 角 角

교과서 한자어
· 角度(각도) 각의 크기.
· 頭角(두각) 머리 끝. 여럿 중에서 특히 뛰어난 학식이나 재능.

부수 角   총획 7획

各

각각 **각**

걸어오던 사람의 발이 걸린 모양을 본뜬 글자예요.

各 各 各 各 各 各

교과서 한자어
· 各國(각국) 각 나라. 여러 나라.   · 各地(각지) 각 지방. 여러 곳.

부수 口   총획 6획

感

느낄 **감**

덜 감(咸)이란 음부분과 마음(心)이란 뜻이 합쳐진 글자로, '느끼다'라는 의미예요.

感 感 感 感 感 感 感 感 感 感 感

교과서 한자어
· 感電(감전) 전기가 통하는 것에 몸의 일부가 닿아 충격을 느끼는 일.
· 同感(동감) 남과 같은 생각이나 느낌.

부수 心   총획 13획

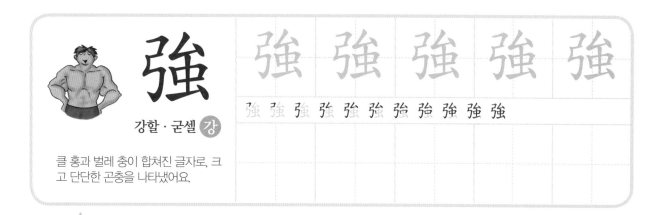

強
강할·굳셀 (강)

클 홍과 벌레 충이 합쳐진 글자로, 크고 단단한 곤충을 나타냈어요.

強 強 強 強 強 強 強 強 強 強

교과서 한자어 • 強國(강국) 세력이 강한 나라. 강대국.   • 強風(강풍) 세차게 부는 바람.   부수 弓 총획 12획

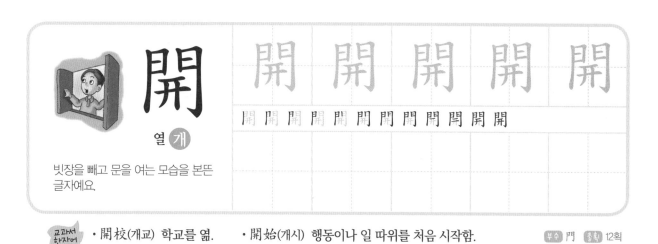

開
열 (개)

빗장을 빼고 문을 여는 모습을 본뜬 글자예요.

開 開 開 開 開 開 開 開 開 開 開 開

교과서 한자어 • 開校(개교) 학교를 엶.   • 開始(개시) 행동이나 일 따위를 처음 시작함.   부수 門 총획 12획

빈칸에 알맞은 음과 한자를 쓰세요.

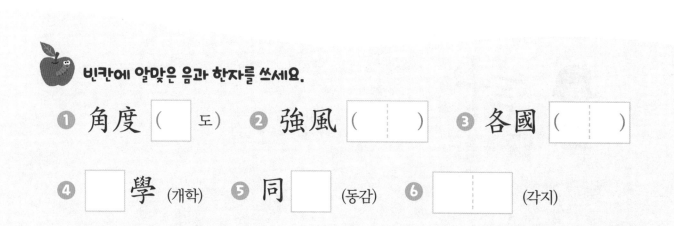

① 角度 (　　도)   ② 強風 (　　　)   ③ 各國 (　　　)

④ □學 (개학)   ⑤ 同□ (동감)   ⑥ □□ (각지)

京
서울 경

높은 언덕에 세운 집을 본뜬 글자로,
'임금이 사는 곳', 즉 '서울'을 뜻해요.

 교과서
한자어
• 上京(상경) 시골에서 서울로 올라가거나 올라옴.
• 在京(재경) 서울에 머무름.

부수 亠   총획 8획

界
지경 계

밭 田과 음을 나타내는 '介'(개)를 합
친 글자로, 밭 사이의 경계를 뜻해요.

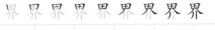

교과서
한자어
• 世界(세계) ①지구 위의 모든 지역. ②같은 계통의 범위나 영역.
• 各界(각계) 사회의 여러 분야.

부수 田   총획 9획

計
셀·꾀 계

말 (言)과 수를 뜻하는 '十'을 합친 글
자로, '셈하다' 라는 뜻을 나타내요.

 교과서
한자어
• 計算(계산) 수량을 셈.
• 時計(시계) 시각을 나타내거나 시간을 재는 장치.

 부수 言   총획 9획

古 예(고)

열 사람 (十)의 입 (口)으로 말할 만큼 오래된 이야기라는 데서 '옛'을 뜻해요.

교과서 한자어 ・古今(고금) 옛날과 지금을 아울러 이르는 말.   ・古物(고물) 오래된 물건.   부수 口 총획 5획

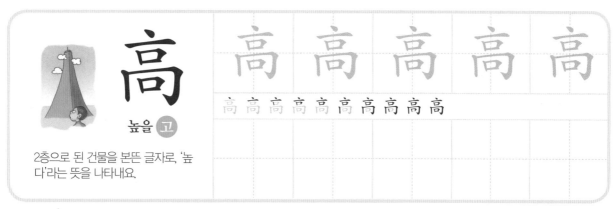

高 높을(고)

2층으로 된 건물을 본뜬 글자로, '높다'라는 뜻을 나타내요.

교과서 한자어 ・高速道路(고속도로) 고속으로 달릴 수 있도록 만든 자동차 전용 도로.   부수 高 총획 10획
・高手(고수) 수가 높은 사람, 상수.

 빈칸에 알맞은 음과 한자를 쓰세요.

❶ 高速道路 (□속도로)   ❷ 上京 (□ □)   ❸ 古今 (□ □)

❹ 時 □ (시계)   ❺ □ □ (세계)   ❻ □ □ (고수)

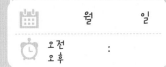

쓸 **고**

투구 古와 풀 (艸)을 합친 글자로, 쓴
약초로 얼굴이 굳어지는 괴로움을 뜻
해요.

교과서
한자어
· 苦難(고난) 괴로움과 어려움.   · 苦心(고심) 몹시 애씀. 몹시 마음을 태움.   부수 艹(艸) 총획 9획

공 **공**

힘(力)을 다하여 공(工)을 세웠다는
뜻을 나타내요.

교과서
한자어
· 功名心(공명심) 공을 세워 이름을 떨치려는 데 급급한 마음.   부수 力 총획 5획
· 成功(성공) 뜻, 목표를 이룸.

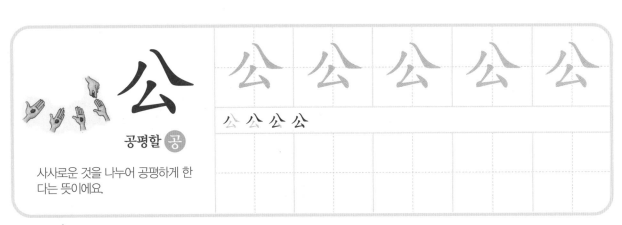

공평할 **공**

사사로운 것을 나누어 공평하게 한
다는 뜻이에요.

교과서
한자어
· 公共(공공) 사회 일반이나 공중(公衆)에 관계되는 것.   부수 八 총획 4획
· 公用語(공용어) 국가나 공공 단체에서 공식으로 쓰이는 용어.

共 共 共 共 共

共 共 共 共 共 共

함께 공

스물 입(卄)과 맞잡을 공(廾). 두 손이 맞잡음으로써 '함께'를 뜻해요.

교과서 한자어
· 共生(공생) 서로 도우며 함께 살아감.   · 共同(공동) 일을 같이 함.   부수 八   총획 6획

果 果 果 果 果

果 果 果 果 果 果 果 果

실과 과

나무 위에 둥근 열매가 달려 있는 것으로 과일나무를 본뜬 글자예요.

교과서 한자어
· 果樹園(과수원) 과일 나무를 많이 심어 놓은 밭.   · 果然(과연) 참으로 그러함.   부수 木   총획 8획

🍎 빈칸에 알맞은 음과 한자를 쓰세요.

❶ 苦心 (⌞　⌟)   ❷ 共同 (⌞　⌟)   ❸ 公共 (⌞　⌟)

❹ ☐ 樹園 (과수원)   ❺ ☐ 語 (공용어)   ❻ ☐ (성공)

科
과목 과

科 科 科 科 科

科 科 科 科 科 科 科 科 科

벼(禾)와 되(斗)를 합친 글자로, '분량을 재거나 나누다'라는 뜻이에요.

📝 교과서 한자어
• 科目(과목) 학문을 분야별로 나눈 구분.
• 敎科書(교과서) 교육과정에 맞춘 학교용 도서.

부수 禾　총획 9획

光
빛 광

光 光 光 光 光

光 光 光 光 光 光

불 화(火)와 우뚝 선 사람(儿)을 합친 글자로, 불을 들고 있는 모습을 본뜬 글자예요.

📝 교과서 한자어
• 光線(광선) 빛의 줄기. 빛 에너지의 흐름을 나타내는 선.
• 發光(발광) 빛을 뿜어 냄.

부수 儿　총획 6획

交
사귈 교

交 交 交 交 交

交 交 交 交 交 交

사람이 두 다리를 꼬고 있는 모습을 본떠서, '사귀다, 교차함'을 뜻해요.

📝 교과서 한자어

• 交通(교통) 자동차 따위의 탈것을 이용하여 오고 감.
• 外交(외교) 국가간의 교섭.

부수 亠　총획 6획

區

구분할 · 지경 구

감출 혜(匸) 속에 가지 품(品)을 넣은 글자로, 넓은 곳을 여러개로 나눈다는 뜻이에요.

교과서 한자어
- 區別(구별) 종류에 따라 갈라 놓음, 차별함.
- 區分(구분) 구별하여 나눔.

부수 匸 총획 11획

球

공 구

구슬(玉)과 구할 구(求)를 합해, 옥을 구하여 아름답고 둥글게 갈아서 만든 구슬을 뜻해요.

교과서 한자어
- 球場(구장) 축구·배구·야구 등 구기를 하는 운동장.
- 地球(지구) 공 모양의 땅. 인류와 여러 생물이 살고 있는 천체.

부수 王(玉) 총획 11획

 빈칸에 알맞은 음과 한자를 쓰세요.

❶ 區別 (☐ 별)   ❷ 敎科書 (☐ 과서)   ❸ 地球 (☐)

❹ ☐ 線 (광선)   ❺ ☐ ☐ (구분)   ❻ ☐ ☐ (교통)

郡

郡　郡　郡　郡　郡

郡 郡 郡 郡 郡 郡 君 郡 郡 郡

고을 군

임금 군(君)과 고을 읍(邑)을 합해, 임금의 명령을 받아서 다스리는 고을을 뜻해요.

 ·郡守(군수) 군의 책임자.　·郡民(군민) 고을에 사는 주민.　부수 阝(邑)　총획 10획

近

近　近　近　近　近

近 近 近 近 近 近 近 近

가까울 근

쉬엄쉬엄 갈 착(辶)과 무게 근(斤)을 합해, 거리나 시간을 작게 하는 것으로 '가깝다'를 뜻해요.

·近代(근대) 지나간 지 얼마 안 되는 가까운 시대.　·近來(근래) 요사이, 근간.　부수 辶(辵)　총획 8획

根

根　根　根　根　根

根 根 根 根 根 根 根 根 根 根

뿌리 근

나무 목(木)과 거스를 간(艮)을 합해, 나무에 거슬려 반대로 난다는 의미로 뿌리를 뜻해요.

·根本(근본) 사물의 본바탕.　·球根(구근) 공 모양의 줄기 및 뿌리의 총칭.　부수 木　총획 10획

今

이제 금

사람이 모여서 때를 맞추어 나가서 이른
다는 뜻이에요. 또는 어떤 물건이 지붕
밑에 놓여있는 모습을 본뜬 글자예요.

今 今 今 今

교과서
한자어   · 今年(금년) 올해.   · 今週(금주) 이번 주일. 이 주간.   부수 人 총획 4획

急

급할 급

미칠 급(及)과 마음 심(心)을 합해,
뒤따라가며 급한 마음으로 서둘러
이르는 것, '급하다'를 뜻해요.

ㅣ ㄣ ㅎ ㅎ ㅎ ㅓ 急 急 急

교과서
한자어   · 急所(급소) (사물의) 가장 중요한 부분.   부수 心 총획 9획
         · 急速(급속) 사물의 발생이나 진행 따위가 몹시 빠름.

  빈칸에 알맞은 음과 한자를 쓰세요.

❶ 急速 (속)   ❷ 郡民 (   )   ❸ 近代 (   )

❹ ☐ 本 (근본)   ❺ ☐ 來 (근래)   ❻ ☐ (금년)

월   일

오전
오후   :

 뜻에 맞는 한자와 음을 찾아 연결해 보세요.

❶ 각각	•	•	各	•	•	감
❷ 강하다	•	•	感	•	•	각
❸ 쓰다	•	•	強	•	•	강
❹ 서울	•	•	京	•	•	경
❺ 느끼다	•	•	苦	•	•	고
❻ 사귀다	•	•	公	•	•	구
❼ 구분하다	•	•	交	•	•	공
❽ 공평하다	•	•	區	•	•	교
❾ 고을	•	•	今	•	•	금
❿ 이제	•	•	郡	•	•	군

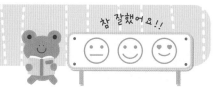

뜻과 음에 알맞게 한자를 완성해 보세요.

① 門 열 개
② 計 셀·꾀 계
③ 旦 실과 과
④ 利 과목 과
⑤ 根 뿌리 근
⑥ 六 함께 공

한자어에 알맞은 뜻을 찾아 연결해 보세요.

① 強國(강국) •
② 高手(고수) •
③ 果樹園(과수원) •
④ 球場(구장) •
⑤ 急速(급속) •

• 과일 나무를 많이 심어 놓은 밭.

• 사물의 발생이나 진행 따위가 몹시 빠름.

• 세력이 강한 나라. 강대국.

• 수가 높은 사람. 상수.

• 축구·배구·야구 등 구기를 하는 운동장.

월   일

오 전
오 후   :

級

등급 **급**

級 級 級 級 級

級 級 級 級 級 級 級 級 級 級

실 사(糸)와 미칠 급(及)을 합해, 실이
계속해서 이어져 있는 것으로 등급
을 뜻해요.

교과서 한자어
· 級數(급수) 우열에 따른 등급.
· 高級(고급) 등급이나 계급이 높음.

부수 糸   총획 10획

多

많을 **다**

多 多 多 多 多

多 多 多 多 多 多

두 개의 저녁 석(夕)을 합해, 저녁이
겹쳐 날짜가 많이 지나감을 뜻해요.

교과서 한자어
· 多幸(다행) 운수가 좋음.   · 多數(다수) 수가 많음. 대부분.

부수 夕   총획 6획

短

짧을 **단**

短 短 短 短 短

短 短 短 短 短 短 短 短 短 短 短 短

예전에 화살은 짧은 물건을 잴 때,
콩은 작은 물건을 셀 때 사용했던데
서 '짧다'를 뜻해요.

교과서 한자어
· 短身(단신) 키가 작은 몸. 단구.   · 短時間(단시간) 짧은 시간.

부수 矢   총획 12획

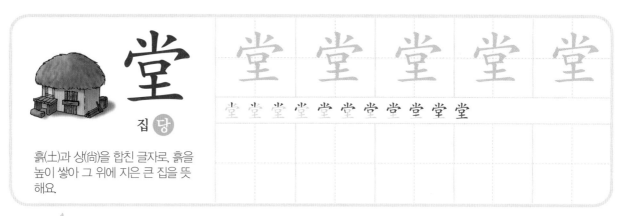

堂 堂 堂 堂 堂

집 당

흙(土)과 상(尚)을 합친 글자로, 흙을 높이 쌓아 그 위에 지은 큰 집을 뜻해요.

堂堂堂堂堂堂堂堂堂堂堂

부수 土   총획 11획

교과서 한자어
• 食堂(식당) 음식 등 식사를 만들어 손님에게 파는 집.
• 書堂(서당) 한문을 가르치는 곳. 글방.

代 代 代 代 代

대신할 대

사람(人)과 주살 익(弋)을 합친 글자로, 사람을 대신하여 세워 놓은 말뚝을 뜻해요.

代代代代代

부수 亻(人)   총획 5획

교과서 한자어
• 代表(대표) 전체를 표시할 만한 한 가지 물건이나 한 사람.
• 代代孫孫(대대손손) 대대로 이어 내려오는 자손. 자자손손.

 빈칸에 알맞은 음과 한자를 쓰세요.

① 書堂 (서 ☐)   ② 多數 (☐ 수)   ③ 代表 (☐ ☐)

④ ☐ 時間 (단시간)   ⑤ ☐ ☐ (다행)   ⑥ ☐ ☐ (식당)

월   일

오전
오후   :

待
기다릴 대

待 待 待 待 待

待 待 待 行 待 待 待 待 待

조금 걸을 척(彳)과 관청 시(寺)를 합
친 글자로, 관청에 간 사람이 조금 걸
어다니며 순서를 기다림을 뜻해요.

교과서
한자어   · 待合室(대합실) 공공장소에서 손님이 쉬면서 기다릴 수 있도록 마련한 방.   부수 彳   총획 9획

對
대할 대

對 對 對 對 對

對 對 對 對 對 對 對 對 對 對 對 對 對 對

악기를 건 기둥(丵)과 손(寸)을 합친
글자로, '대하다'라는 뜻을 나타내요.

교과서
한자어   · 對話(대화) 마주 보고 이야기함.   부수 寸   총획 14획
· 反對(반대) 사물의 위치·방향이 정상이 아니고 거꾸로 됨. 또는 그러한 상태.

度
법도 도 / 헤아릴 탁

度 度 度 度 度

度 度 度 度 度 度 度 度 度

무리 서(庶)와 오른 우(又)를 합친 글
자로, 손으로 잰 것이 자로 잰 것과
똑같다는 뜻에서 법도를 뜻해요.

교과서
한자어   · 角度(각도) 각의 크기. 관점.   · 度地(탁지) 토지를 측량함. 측지(測地).   부수 广   총획 9획

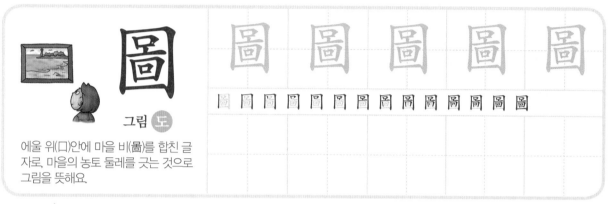

圖 그림 **도**

에울 위(口)안에 마을 비(啚)를 합친 글자로, 마을의 농토 둘레를 긋는 것으로 그림을 뜻해요.

교과서 한자어
- **圖形**(도형) 형상 그림. 즉 면, 선, 점 따위가 모여 이루어진 것으로 사각형이나 원 따위. 부수 口 총획 14획
- **圖表**(도표) 그림으로 나타낸 표.

讀 읽을 **독**

말씀 언(言)에 팔 매(賣)를 합친 글자로, 장사꾼이 물건을 팔 때 소리지르는 것처럼 '소리내어 글을 읽다'를 뜻해요.

교과서 한자어
- **讀書**(독서) 책을 읽음. 부수 言 총획 22획
- **讀後感**(독후감) 책을 읽고 난 뒤의 느낌이나 그것을 적은 글.

 빈칸에 알맞은 음과 한자를 쓰세요.

❶ 待合室 ([ ] 합실) ❷ 度地 ([ ] 지) ❸ 對話 ([ ])

❹ [ ] 書 (독서) ❺ [ ] 形 (도형) ❻ [ ] (각도)

DAY 38

월   일

오 전   :
오 후

童

아이 동

설 립(立)과 마을 리(里)를 합친 글자로, 마을 입구에 서서 잘 뛰노는 아이를 뜻해요.

童 童 童 童 童 童 音 音 童 童 童 童

교과서 한자어
• 童心(동심) 어린이의 마음.
• 童話(동화) 어린이를 상대로 하는 재미있고 교훈이 될 만한 이야기.

부수 立   총획 12획

頭

머리 두

콩 두(豆)와 머리 혈(頁)을 합친 글자로, 콩처럼 사람의 머리가 둥글다는 뜻이에요.

頭 頭 頭 頭 頭 頭 頭 頭 頭 頭 頭 頭 頭 頭 頭 頭

교과서 한자어
• 頭角(두각) 머리 끝. 우뚝 뛰어남.
• 頭痛(두통) 머리가 아픈 증세.

부수 頁   총획 16획

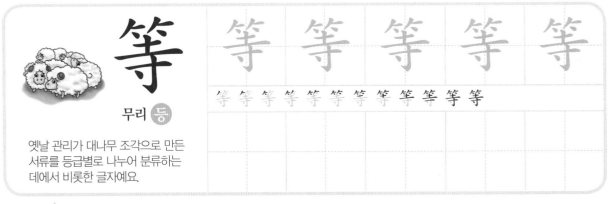

等

무리 등

옛날 관리가 대나무 조각으로 만든 서류를 등급별로 나누어 분류하는 데에서 비롯한 글자예요.

等 等 等 等 等 等 等 等 等 等 等 等

교과서 한자어
• 等級(등급) 수준 또는 정도의 높고 낮음이나 좋고 나쁨을 나타내는 구분이나 단계.
• 一等(일등) 등급이나 등수가 가장 으뜸인 것. 최고. 제일.

부수 竹   총획 12획

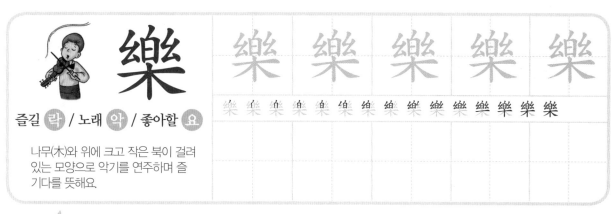

즐길 **락** / 노래 **악** / 좋아할 **요**

나무(木)와 위에 크고 작은 북이 걸려 있는 모양으로 악기를 연주하며 즐기다를 뜻해요.

교과서 한자어
- 樂園(낙원) 걱정이나 근심이 없이 즐겁게 살 수 있는 곳.
- 音樂(음악) 사상이나 감정을 주로 음을 소재로 하여 나타내는 예술.
- 樂山樂水(요산요수) 자연을 좋아함.

부수 木 총획 15획

법식 **례**

사람(亻)과 벌릴 렬(列)을 합친 글자로, 사람들을 차례로 줄 세워 놓은 데서 본보기, 법식을 뜻해요.

교과서 한자어
- 例文(예문) 예로 드는 문장.
- 例外(예외) 보통의 예에서 벗어난 일.

부수 亻(人) 총획 8획

 빈칸에 알맞은 음과 한자를 쓰세요.

① 樂園 ([　] 원) ② 頭痛 ([　] 통) ③ 童心 ([　])

④ [　] 話 (동화) ⑤ [　] 外 (예외) ⑥ [　] (일등)

禮

예도 례

禮 禮 禮 禮 禮

禮禮禮禮禮禮禮禮禮禮禮禮禮禮禮禮

보일 시(示)와 풍년 풍(豊)을 합친 글자로
음식을 풍성하게 차려놓고 신에게 경의
를 표하는 것으로 예도, 예의를 뜻해요.

 교과서
한자어
• 禮式(예식) 예법을 따라 베푸는 식.
• 失禮(실례) 말이나 행동이 예의에서 벗어남.

부수 示　총획 18획

路

길 로

路 路 路 路 路

路 路 路 路 路 路 路 路 路 路 路 路

발 족(足)과 이을 락(各)을 합친 글자
로, 발길이 이어져 다니는 길을 뜻해
요.

 교과서
한자어
• 路線(노선) 한 지점에서 다른 지점에 이르는 도로. 선로 등의 교통선.
• 道路(도로) 사람이나 차들이 다니는 비교적 큰 길.

부수 足　총획 13획

綠

푸를 록

綠 綠 綠 綠 綠

綠 綠 綠 綠 綠 綠 綠 綠 綠 綠 綠 綠 綠 綠

실 사(絲)와 나무 깍을 록(彔)을 합친
글자로, 나무의 껍질을 깎으면 초록빛
이 나오는 것에서 '푸르다'를 뜻해요.

교과서
한자어
• 綠地(녹지) 풀과 나무를 많이 심어 놓은 지역.
• 新綠(신록) 초여름에 새로 나온 잎들이 띤 연한 초록빛.

부수 糸　총획 14획

108

李

오얏 · 성 **리**

나무(木)에 자녀(子)가 생기는 '오얏 나무'를 뜻해요.

李 李 李 李 李

李 李 李 李 李 李 李

교과서 한자어 · 李花(이화) 자두나무의 꽃.

부수 木 총획 7획

利

이로울 **리**

벼(禾)와 칼(刂)을 합친 글자로, 칼로 벼를 베니 '이롭다'는 뜻을 나타내요.

利 利 利 利 利

利 利 利 利 利 利 利

교과서 한자어 · 利用(이용) 이롭게 사용함.   · 有利(유리) 이로움.

부수 刂(刀) 총획 7획

🍎 빈칸에 알맞은 음과 한자를 쓰세요.

1 失禮 (실 [ ])   2 綠地 ([ ] 지)   3 利用 ([ ])

4 [ ] 花 (이화)   5 道 [ ] (도로)   6 [ ] (유리)

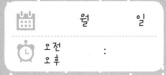
월   일
오전
오후   :

理
다스릴 리

理	理	理	理	理

理 理 理 理 理 理 理 理 理 理

구슬(王)과 음을 나타내는 리(里)를 합친 글자로, '사물의 도리'라는 뜻을 나타내요.

교과서 한자어 • 理由(이유) 까닭, 사유.   • 道理(도리) 사람이 마땅히 지켜야 할 바른길.   부수 王(玉) 총획 11획

明
밝을 명

明	明	明	明	明

明 明 明 明 明 明 明 明

창문과 달을 합친 글자로, 달빛이 창문 사이로 들어오니 '밝다'라는 뜻이에요.

교과서 한자어 • 明明白白(명명백백) 의심의 여지가 없이 매우 분명하다.   부수 日 총획 8획
• 發明(발명) 새로운 것을 처음 만들어 냄.

目
눈 목

目	目	目	目	目

目 目 目 目 目

사람의 눈의 모양을 본뜬 글자예요.

교과서 한자어 • 目禮(목례) 눈으로 가볍게 하는 인사. 눈인사.   • 科目(과목) 교과를 나눈 구분.   부수 目 총획 5획

聞

들을 **문**

'문(門)'과 '귀(耳)'를 합친 글자로, 문 밖의 소리를 듣는다는 뜻이에요.

| 聞 | 聞 | 聞 | 聞 | 聞 |

聞 聞 聞 聞 聞 聞 聞 聞 聞 聞 聞 聞 聞

교과서 한자어
· 風聞(풍문) 사람들을 통하여 세상에 떠도는 확실하지 않은 소문.
· 新聞(신문) 사회에서 일어난 새로운 사건이나 화제 따위를 보도·비평하는 정기 간행물.

부수 耳 총획 14획

米

쌀 **미**

벼이삭을 본뜬 글자로, '쌀'을 뜻해요.

| 米 | 米 | 米 | 米 | 米 |

米 米 米 米 米 米

교과서 한자어
· 米色(미색) 쌀의 빛깔. 좀 노르께한 빛깔.
· 米飮(미음) 쌀을 푹 끓여 체에 거른 걸죽한 음식.

부수 米 총획 6획

 빈칸에 알맞은 음과 한자를 쓰세요.

❶ 新聞 (신 [　]) ❷ 目禮 ([　] 례) ❸ 發明 ([　])

❹ [　] 由 (이유) ❺ [　] 飮 (미음) ❻ [　] 白白 (명명백백)

 뜻에 맞는 한자와 음을 찾아 연결해 보세요.

① 그림	•	• 代 •	• 당
② 집	•	• 堂 •	• 대
③ 읽다	•	• 讀 •	• 도
④ 눈	•	• 目 •	• 독
⑤ 대신하다	•	• 圖 •	• 목
⑥ 법식	•	• 路 •	• 례
⑦ 다스리다	•	• 例 •	• 로
⑧ 푸르다	•	• 綠 •	• 록
⑨ 길	•	• 理 •	• 리
⑩ 아이	•	• 童 •	• 동

뜻과 음에 알맞게 한자를 완성해 보세요.

① 級
등급 **급**

② 知
짧을 **단**

③ 往
기다릴 **대**

④ 樂
즐길 **락**

⑤ 禮
예도 **례**

⑥ 門
들을 **문**

한자어에 알맞은 뜻을 찾아 연결해 보세요.

① 多幸(다행) · · 이롭게 사용함.

② 對話(대화) · · 운수가 좋음.

③ 利用(이용) · · 사람이 마땅히 지켜야 할 바른길.

④ 道理(도리) · · 마주 보고 이야기함.

⑤ 一等(일등) · · 등급·등수가 가장 으뜸인 것.

월   일

오 전   :
오 후

美

아름다울 미

양 양(羊)과 큰 대(大)를 합친 글자로,
크고 쌀찐 양이 보기도 좋고 아름다
우며 맛나다는 뜻을 나타내요.

美 美 美 美 美

美 美 美 美 美 美 美 美 美

 · **美感**(미감) 아름다움에 대한 느낌. 미의 감각.
· **美人**(미인) 얼굴이 아름다운 여자.

부수 羊   총획 9획

朴

성 · 순박할 박

나무 목(木)과 점칠 복(卜)을 합친 글자로,
점 칠 때 갈라진 거북이 등딱지처럼 나무껍
질이 갈라진 모습에서 '순박하다'를 뜻해요.

朴 朴 朴 朴 朴

朴 朴 朴 朴 朴 朴

 · **朴氏**(박씨) 박씨 성.   · **素朴**(소박) 꾸밈이나 거짓이 없이 있는 그대로임.

부수 木   총획 6획

反

돌이킬 · 돌아올 반

바위 엄(厂)과 손 우(又)를 합친 글자
로, 손으로 바위를 '뒤엎는다' 는 뜻
이에요.

反 反 反 反 反

反 反 反 反

 · **反對**(반대) 어떤 사물과 대립·역의 관계에 있는 일.
· **反省**(반성) 자기의 언행·생각 등의 잘잘못을 스스로 돌이켜 살핌.

부수 又   총획 4획

半

반 (반)

나눌 팔(八)과 소 우(牛)를 합친 것으로, 소를 잡아 반으로 나누는 것에서 '반'을 뜻해요.

半 半 半 半 半

半 半 半 半 半

교과서 한자어
• 半角(반각) 어떤 각의 절반.
• 半球(반구) 구를, 그 중심을 지나는 평면으로 이등분한 것의 한쪽.

부수 十 총획 5획

班

나눌 (반)

쌍옥 각(珏)과 칼 도(刂)를 합친 글자로, 옥을 둘로 쪼개서 나눠갖는 것에서 '나누다'를 뜻해요.

班 班 班 班 班

班 班 班 班 班 班 班 班 班 班

교과서 한자어
• 班長(반장) '반(班)'이라는 이름을 붙인 집단의 통솔자 또는 책임자.
• 合班(합반) 두 개의 반 이상을 합침.

부수 王(玉) 총획 10획

 빈칸에 알맞은 음과 한자를 쓰세요.

❶ 反對 (⬜ 대) ❷ 素朴 (소 ⬜) ❸ 合班 (⬜ | ⬜)

❹ ⬜ 球 (반구) ❺ ⬜ 省 (반성) ❻ ⬜ | ⬜ (미인)

發

필 발

發 發 發 發 發

發發發發發發發發發發

짓밟을 발(癶)과 활 궁(弓)을 합친 글
자로, 두발로 힘있게 서서 활을 쏜다
는 뜻이에요.

교과서
한자어

• 發光(발광) 빛을 냄.   • 發生(발생) 생겨남. 태어남. 일이 비롯하여 일어남.

부수 癶   총획 12획

放

놓을 방

放 放 放 放 放

放放放放放放放放

방위 방(方)과 칠 복(攵)을 합해, 매질
하여 멀리 내쫓아 놓는다는 뜻이에요.

교과서
한자어

• 放心(방심) 마음을 다잡지 아니하고 놓아 버림.
• 放學(방학) 수업을 일정 기간 쉬는 일.

부수 攵   총획 8획

番

차례 번

番 番 番 番 番

番番番番番番番番番番番番

농부가 밭에 곡식의 씨앗을 뿌리고 지
나간 발자국 모양을 본뜬 글자예요. 또
는 짐승 발자국 모양을 본뜬 글자예요.

교과서
한자어

• 番號(번호) 차례를 나타내는 호수.
• 番地(번지) 토지를 조각조각 나누어서 매겨 놓은 땅의 번호.

부수 田   총획 12획

別

다를 · 나눌 (별)

別 別 別 別 別

別 別 別 別 別 別 別

뼈 골(骨)과 칼 도(刀)를 합친 글자로,
살을 발라내어 뼈와 살을 갈라놓는
것에서 '다르다'를 뜻해요.

교과서
한자어
· 別名(별명) 본이름 외에 그 사람의 성격·용모 등의 특징에서 비롯된 별칭.   부수 刂(刀) 총획 7획
· 區別(구별) 종류에 따라 갈라놓음. 차별함.

病

병 (병)

病 病 病 病 病

病 病 病 病 病 病 病 病 病 病

병 녁(疒)과 밝을 병(丙)을 합친 글자로,
불을 밝혀놓고 누군가 간호해야 할 만
큼 병이 있다는 데서 '병'을 뜻해요.

교과서
한자어
· 病室(병실) 병원에서 환자가 있는 방.   · 病名(병명) 병의 이름.   부수 疒 총획 10획

 빈칸에 알맞은 음과 한자를 쓰세요.

① 番號 (☐ 호)   ② 區別 (구 ☐)   ③ 放學 (☐)

④ ☐ 名 (병명)   ⑤ ☐ ☐ (방심)   ⑥ ☐ ☐ (발생)

服

옷 복

몸(月)을 보호하기 위해 옷(艮)을 입어야 한다는 뜻이에요.

服 服 服 服 服

服服服服服服服服

교과서 한자어 · 服用(복용) 약을 먹음.   · 衣服(의복) 옷. 몸에 입는 옷.   부수 月 · 총획 8획

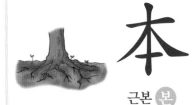

本

근본 본

나무 목(木)과 한 일(一)을 합친 글자로, 나무의 뿌리 부분. 곧 근본을 뜻해요.

本 本 本 本 本

本 木 木 木 本

교과서 한자어 · 本色(본색) 본래의 빛깔, 성질.   부수 木 · 총획 5획
· 本然(본연) 자연 그대로의 상태. 본디 그대로의 모습.

部

거느릴 · 떼 부

가를 부(音)와 고을 읍(邑)을 합친 글자로, 여러 고을을 나누어 다스리는 것에서 '떼, 나누다'를 뜻해요.

部 部 部 部 部

部 部 部 部 部 部 部 部 部 部 部

교과서 한자어 · 部長(부장) 부(部)의 책임자.   · 部分(부분) 전체를 몇 개로 나눈 것의 하나.   부수 阝(邑) · 총획 11획

나눌 분

나눌 팔(八)에 칼 도(刀)를 합친 글자로, 칼로 쪼개는 것에서 '나누다'를 뜻해요.

교과서 한자어
· 分校(분교) 본교에서 멀리 떨어진 다른 지역에 따로 세운 같은 계통의 학교.
· 分數(분수) 어떤 수를 다른 수로 나누는 것을 분자와 분모로 나타낸 것.

부수 刀 총획 4획

모일 사

보일 시(示)와 흙 토(土)를 합친 글자로, 원래는 토지신을 위해 제사 지내는 것을 뜻했어요.

교과서 한자어
· 社長(사장) 회사의 대표자. · 社會(사회) 같은 무리끼리 모여 이루는 집단.

부수 示 총획 8획

 빈칸에 알맞은 음과 한자를 쓰세요.

❶ 服用 (☐ 용)   ❷ 社長 (☐ 장)   ❸ 部分 (☐)

❹ ☐ 校 (분교)   ❺ ☐ (본색)   ❻ ☐ (의복)

월   일

오전   :
오후

使

하여금 · 부릴 사

使 使 使 使 使

使使使使使使使

사람 인(人)과 관리 리(吏)를 합친 글자로, 윗사람이 관리에게 일을 시키는 것에서 '부리다'를 뜻해요.

교과서 한자어 ・使命(사명) 맡겨진 임무.   ・使用(사용) 물건을 쓰거나 사람을 부림.

부수 亻(人) 총획 8획

死

죽을 사

死 死 死 死 死

死死死死死死

뼈 앙상할 알(歹)과 사람 인(人)을 합친 글자로, 뼈만 앙상한 사람이므로 죽음을 뜻해요.

교과서 한자어 ・死後(사후) 죽은 후.   ・死活(사활) 죽느냐 사느냐의 갈림길.

부수 歹 총획 6획

書

글 서

書 書 書 書 書

書書書書書書書書書書

붓 율(聿)과 말할 왈(曰)을 합친 글자로, 말로 전해 내려오는 것을 붓으로 종이에 기록한다는 뜻이에요.

교과서 한자어 ・書記(서기) 문서를 관리하거나 기록을 맡아보는 사람.
・書頭(서두) 글의 첫머리.

부수 曰 총획 10획

石 돌 석

石 石 石 石 石

石 石 石 石 石

언덕(厂)아래로 굴러 떨어진 돌멩이
(口) 모양을 본뜬 글자예요.

교과서
한자어
· 石工(석공) 돌을 다듬는 사람, 석수.
· 石油(석유) 천연으로 지하에서 솟아나는 탄화수소류의 혼합물.

부수 石 총획 5획

席 자리 석

席 席 席 席 席

席 席 席 席 席 席 席 席 席 席

무리 서(庶)와 돗자리를 뜻하는 수건
건(巾)을 합친 글자로, 여러 사람이
깔고 있는 돗자리를 뜻해요.

교과서
한자어
· 出席(출석) 어떤 자리에 참석함.   · 合席(합석) 한자리에 같이 앉음.

부수 巾 총획 10획

 빈칸에 알맞은 음과 한자를 쓰세요.

❶ 書記 ([　] 기)   ❷ 合席 (합 [　])   ❸ 死活 ([　])

❹ [　] (석공)   ❺ [　] (사용)   ❻ [　] (석유)

월   일

오전
오후   :

線

줄 선

실 사(糸)와 샘 천(泉)을 합친 글자로,
실이 샘물처럼 끊이지 않고 풀려나
오는 줄, 선을 뜻해요.

線 線 線 線 線

線 線 線 線 線 線 線 線 線 線 線 線 線 線

교과서
한자어

· 線路(선로) 열차나 전차의 바퀴가 굴러가는 길. 궤도.
· 直線(직선) 두 점을 최단거리로 이은 곧은 줄.

부수 糸   총획 15획

雪

눈 설

비 우(雨)와 쓸 혜(彐)를 합친 글자로,
비가 뭉쳐 눈이 되어 내리는 것을 쓴
다는 뜻이에요.

雪 雪 雪 雪 雪

雪 雪 雪 雪 雪 雪 雪 雪 雪 雪 雪

교과서
한자어

· 白雪(백설) 흰 눈.   · 大雪(대설) 상당히 많이 내리는 눈.

부수 雨   총획 11획

成

이룰 성

장정들의 무성한 힘으로 일을 이루
어 냄을 뜻하는 글자예요.

成 成 成 成 成

成 成 成 成 成 成 成

교과서
한자어

· 成功(성공) 목적을 이룸.   · 成果(성과) 이루어진 결과.

부수 弋   총획 7획

省 살필 성 / 덜 생

省 省 省 省 省

省 省 省 省 省 省 省 省 省

적을 소(少)와 눈 목(目)을 합친 글자로, 아주 적은 것까지 자세히 보는 것에서 '살피다'를 뜻해요.

교과서 한자어
• 省略(생략) 덜어서 줄임. 뺌.   부수 目 총획 9획
• 反省(반성) 자기의 언행, 생각 등의 잘잘못, 옳고 그름을 깨닫기 위해 스스로를 돌이켜 살핌.

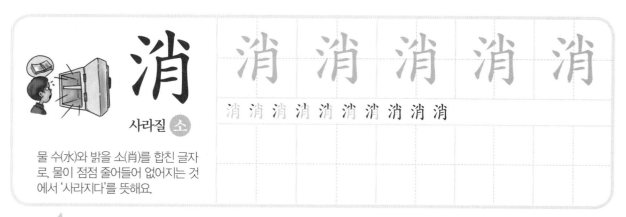

消 사라질 소

消 消 消 消 消

消 消 消 消 消 消 消 消 消 消

물 수(水)와 밝을 소(肖)를 합친 글자로, 물이 점점 줄어들어 없어지는 것에서 '사라지다'를 뜻해요.

교과서 한자어
• 消火(소화) 불을 끔.   • 消失(소실) 사라져 없어짐.   부수 氵(水) 총획 10획

 빈칸에 알맞은 음과 한자를 쓰세요.

❶ 消失 ([ ] 실)   ❷ 反省 (반 [ ])   ❸ 成果 ([ ])

❹ 直 [ ] (직선)   ❺ [ ] (소화)   ❻ [ ] (백설)

월   일

오 전
오 후   :

 뜻에 맞는 한자와 음을 찾아 연결해 보세요.

① 나누다 • | • 美 • | • 별

② 아름답다 • | • 分 • | • 미

③ 사라지다 • | • 別 • | • 분

④ 죽다 • | • 死 • | • 사

⑤ 다르다 • | • 消 • | • 소

⑥ 눈 • | • 雪 • | • 반

⑦ 나누다 • | • 病 • | • 본

⑧ 병 • | • 班 • | • 설

⑨ 자리 • | • 本 • | • 병

⑩ 근본 • | • 席 • | • 석

뜻과 음에 알맞게 한자를 완성해 보세요.

① 厂 돌이킬·돌아올 **반**

② 癹 필 **발**

③ 㕛 옷 **복**

④ 書 글 **서**

⑤ 仗 부릴 **사**

⑥ 少 살필 **성**

 한자어에 알맞은 뜻을 찾아 연결해 보세요.

① 反對(반대) •

② 社長(사장) •

③ 直線(직선) •

④ 放學(방학) •

⑤ 使用(사용) •

• 회사의 대표자.

• 어떤 사물과 대립 · 역의 관계에 있는 일.

• 수업을 일정 기간 쉬는 일.

• 물건을 쓰거나 사람을 부림.

• 두 점을 최단거리로 이은 곧은 줄.

速
빠를 속

速 速 速 速 速

速 速 速 速 束 束 束 速 速 速 速

쉬엄쉬엄 갈 착(辶)과 묶을 속(束)을 합친 글자로, 길을 가는데 시간을 줄여 속히 가는 것에서 '빠르다'를 뜻해요.

교과서 한자어
· 速度(속도) 빠른 정도. 빠르기.　　· 時速(시속) 한 시간을 단위로 하여 잰 속도.　부수 辶(辵)　총획 11획

孫
손자 손

孫 孫 孫 孫 孫

孫 孫 孫 孫 孫 孫 孫 孫 孫 孫

아들 자(子)와 이를 계(系)를 합친 글자로, 아들이 아버지를 이어 대를 잇는다는 것에서 '손자, 자손'을 뜻해요.

교과서 한자어
· 子子孫孫(자자손손) 자손의 여러 대(代).　　· 外孫(외손) 딸의 자손.　부수 子　총획 10획

樹
나무 수

樹 樹 樹 樹 樹

樹 樹 樹 樹 樹 樹 樹 樹 樹 樹 樹 樹 樹 樹 樹 樹

나무 목(木)과 세울 주(尌)를 합친 글자로, 손으로 나무를 세운다는 뜻이에요.

교과서 한자어
· 樹木(수목) 살아 있는 나무. 목본 식물의 총칭.　부수 木　총획 16획
· 植樹(식수) 나무를 심음. 또, 그 나무.

術
재주 (술)

다닐 행(行)과 삽주뿌리 출(朮)을 합친 글자로, 삽주뿌리처럼 여러 갈래 길이 있고 살아가는 데 여러 재주가 필요함을 뜻해요.

術 術 術 術 術

術 術 術 術 術 術 術 術 術 術 術

교과서 한자어
· 美術(미술) 공간 및 시각의 미를 표현하는 예술의 한 분야.
· 術語(술어) '학술어(學術語)'의 준말.

부수 行　총획 11획

習
익힐 (습)

날개 우(羽)와 흰 백(白)을 합친 글자로, 어린 새가 날개 밑의 하얀 털을 드러내며 날갯짓을 하므로 '익히다'를 뜻해요.

習 習 習 習 習

習 習 習 習 習 習 習 習 習 習 習

교과서 한자어
· 學習(학습) 배워서 익힘.　· 鍊習(연습) 학문 등을 여러 번하여 익힘.

부수 羽　총획 11획

🍎 빈칸에 알맞은 음과 한자를 쓰세요.

❶ 植樹 (　수)　❷ 速度 (　도)　❸ 學習 (　　)

❹ □ 術 (미술)　❺ □ □ (수목)　❻ □ □ □ □ (자자손손)

📅 　　　월　　　일
🕐 오전　　　：
　　오후

勝

이길 (승)

勝 勝 勝 勝 勝

丿 朕 朕 朕 朕 朕 朕 朕 勝 勝 勝 勝

나 짐(朕)과 힘 력(力)을 합친 글자로,
스스로 참고 힘쓰면 이겨낼 수 있는
것에서 '이기다'를 뜻해요.

교과서
한자어　· 勝利(승리) 겨루거나 싸워서 이김.　　· 勝者(승자) (운동 경기나 싸움에서) 이긴 사람.　부수 力　총획 12획

始

비로소 (시)

始 始 始 始 始

始 始 始 始 始 始 始

계집 녀(女)와 기를 이(台)를 합친 글자로,
여자의 뱃속에서 자라는 아이는 생명의
시작이라는 데서 '처음, 비로소'를 뜻해요.

교과서
한자어　· 始作(시작) 일을 처음으로 함. 쉬었다가 다시 비롯함.　부수 女　총획 8획
　　　· 始動(시동) 전동기나 기계 따위가 움직이기 시작함.

式

법 (식)

式 式 式 式 式

式 式 式 式 式 式

장인이 도구를 가지고 일할 때는 일
정한 법식을 따라야 한다는 데서 '법'
을 뜻해요.

교과서
한자어　· 定式(정식) 일정한 방식.　　· 公式(공식) 공적(公的)으로 규정한 형식.　부수 弋　총획 6획

神

귀신 **신**

'신이 보여준다'는 의미에서, 영묘함을 나타내요.

神 神 神 神 神

神 神 神 神 神 神 神 神 神

교과서
한자어
- 神父(신부) 가톨릭에서, 사제(司祭) 서품을 받은 성직자를 일컫는 말.
- 神童(신동) 여러 가지 재주와 지혜가 남달리 뛰어난 아이.

부수 示   총획 10획

身

몸 **신**

사람이 애를 밴 모양을 본뜬 글자로, '몸, 임신하다'의 뜻을 나타내요.

身 身 身 身 身

身 身 身 身 身 身 身

교과서
한자어
- 身體(신체) 사람의 몸.
- 長身(장신) 키가 큰 몸.

부수 身   총획 7획

 빈칸에 알맞은 음과 한자를 쓰세요.

❶ 勝利 (☐ 리)   ❷ 神童 (☐ 동)   ❸ 長身 (☐ ☐)

❹ ☐ 體 (신체)   ❺ ☐ 作 (시작)   ❻ ☐ ☐ (공식)

월   일
오전   :
오후

信
믿을 신

信 信 信 信 信

信信信信信信信信

사람 인(人)과 말씀 언(言)을 합친 글자로, 사람이 하는 말에는 믿음이 있어야 한다는 뜻이에요.

교과서 한자어
· 信用(신용) 믿어 의심하지 않음. 평판이 좋고 인망이 있음.
· 自信(자신) 자기의 값어치나 능력을 믿음.

부수 亻(人) 총획 9획

新
새 신

新 新 新 新 新

新新新新新新新新新新新新新

설 립(立)과 나무 목(木), 도끼 근(斤)을 합해, 도끼로 나무를 자르니 거기서 새싹이 움트는 것을 뜻해요.

교과서 한자어
· 新設(신설) 새로 설치함. · 新舊(신구) 새 것과 헌 것. 새 것과 낡은 것.

부수 斤 총획 13획

失
잃을 실

失 失 失 失 失

失失失失失

손 수(手)와 굽을 을(乙)을 합친 글자로, 손에 쥐고 있던 물건이 떨어져 나가는 모양에서 '잃다'를 뜻해요.

교과서 한자어
· 失手(실수) 부주의로 잘못함. 또 그러한 행위.
· 失言(실언) 하지 않아야 할 말을 얼떨결에 함.

부수 大 총획 5획

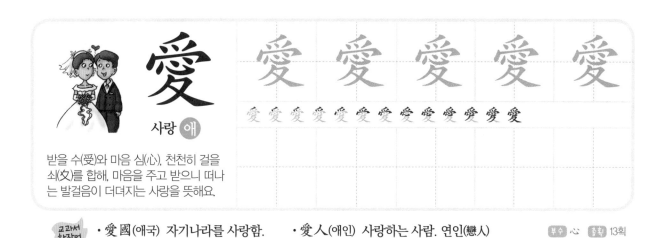

愛 사랑 애

愛 愛 愛 愛 愛
愛 愛 愛 愛 愛 愛 愛 愛 愛 愛 愛 愛

받을 수(受)와 마음 심(心), 천천히 걸을 쇠(夊)를 합해, 마음을 주고 받으니 떠나는 발걸음이 더뎌지는 사랑을 뜻해요.

교과서 한자어 · 愛國(애국) 자기나라를 사랑함. · 愛人(애인) 사랑하는 사람. 연인(戀人) 부수 心 총획 13획

夜 밤 야

夜 夜 夜 夜 夜
夜 夜 夜 夜 夜 夜 夜 夜

해가 지면 날이 어두워지며 밤이 찾아온다는 뜻이에요.

교과서 한자어 · 夜光(야광) 밤에 빛나는 빛. 달의 별칭. · 晝夜(주야) 낮과 밤. 밤낮. 부수 夕 총획 8획

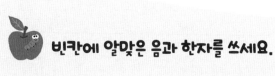

빈칸에 알맞은 음과 한자를 쓰세요.

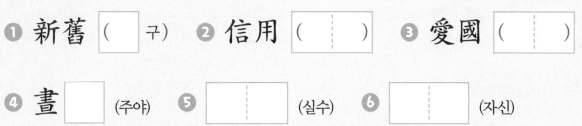

❶ 新舊 (구) ❷ 信用 ( ) ❸ 愛國 ( )

❹ 晝 [ ] (주야) ❺ [ ] (실수) ❻ [ ] (자신)

📅 　월　　일

🕐 오전　　　：
　오후

野

들 야

野 野 野 野 野

野野野野野野野野野野野

마을 리(里)와 창(矛)을 합해 마을 사람들이 제각기 창을 들고 곡식을 지키는 곳인 들을 뜻함.

교과서 한자어
· 野心(야심) 남몰래 품은 소망.
· 野生(야생) 동식물이 산이나 들에서 절로 나고 자람, 또는 그런 동식물.

부수 里　총획 11획

弱

약할 약

弱 弱 弱 弱 弱

弱弱弓弓弱弱弱弱弱弱

새끼 새의 두 날개가 나란히 펼쳐진 모양을 본뜬 글자인데, 어린 새는 나약하므로 '약하다'를 뜻해요.

교과서 한자어
· 弱者(약자) 세력이 약한 사람. 또, 약한 것.
· 弱小國(약소국) 경제력이나 군사력 따위가 약하고 작은 나라.

부수 弓　총획 10획

藥

약 약

藥 藥 藥 藥 藥

藥藥藥藥藥藥藥藥藥藥藥藥藥藥藥藥藥藥藥

풀 초(艹)와 즐거울 락(樂)을 합해 병을 고치고 즐거움을 주는 풀뿌리나 잎이 곧 약임을 뜻해요.

교과서 한자어
· 藥物(약물) 약제가 되는 물질.
· 藥草(약초) 약용이 되는 풀.

부수 艹(艸)　총획 19획

洋
큰바다 양

바다의 물결이 양떼와 같아서 '큰 바다'를 뜻해요.

洋 洋 洋 洋 洋

洋洋洋洋洋洋洋洋洋

교과서 한자어 · 大洋(대양) 큰 바다.　　· 洋服(양복) 서양식 의복의 통칭.　　부수 氵(水)　총획 9획

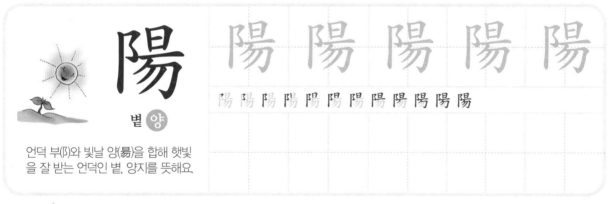

陽
볕 양

언덕 부(阝)와 빛날 양(昜)을 합해 햇빛을 잘 받는 언덕인 볕, 양지를 뜻해요.

陽 陽 陽 陽 陽

陽 陽 陽 陽 陽 陽 陽 陽 陽 陽 陽 陽

교과서 한자어 · 陽地(양지) 볕이 바로 드는 땅.　　· 夕陽(석양) 저녁 해.　　부수 阝(阜)　총획 12획

 빈칸에 알맞은 음과 한자를 쓰세요.

❶ 藥草 (＿ 초)　❷ 弱小國 (＿ ＿ 국)　❸ 野生 (＿ ＿)

❹ 夕 ☐ (석양)　❺ ☐ 者 (약자)　❻ ☐ ☐ (대양)

DAY 50

월   일

오전   :
오후

言

말씀 **언**

입으로 사람이 말하는 모양을 본뜬
글자예요.

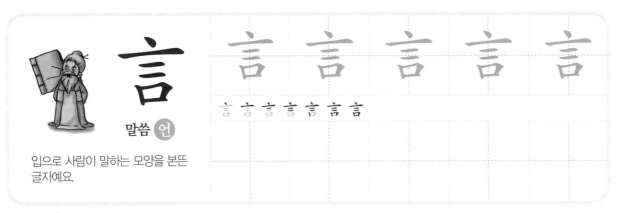

言 言 言 言 言

言 言 言 言 言 言 言

 • 言語(언어) 말. 의사 전달의 수단.   • 發言(발언) 말을 냄. 말을 꺼냄.   부수 言 총획 7획

業

업 **업**

풀과 나무를 심는 일을 업으로 한다
는 뜻이에요.

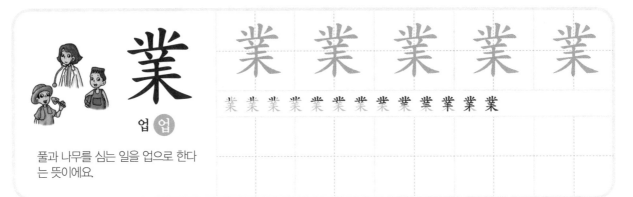

業 業 業 業 業

業 業 業 業 業 業 業 業 業 業 業 業 業

• 作業(작업) 일정한 계획과 목표로 일을 함.   부수 木 총획 13획
• 實業(실업) 생산·제작·판매 등에 관한 사업.

永

길 **영**

강물이 멀리 여러 곳으로 흘러가는
모양을 본뜬 글자예요.

永 永 永 永 永

永 永 永 永 永

 • 永遠(영원) 언제까지고 계속하여 끝이 없음.   부수 水 총획 5획
• 永有(영유) 영원히 소유함.

134

英
꽃부리 영

英 英 英 英 英

英 英 英 英 英 英 英 英 英

풀꽃(艹)의 가운데(央)를 나타내는 '꽃부리'를 뜻해요.

교과서 한자어
· 英材(영재) 뛰어난 재능이나 지능. 또는 그런 지능을 가진 사람.
· 英語(영어) 영국·미국의 공용어.

부수 艹(艸) 총획 9획

溫
따뜻할 온

溫 溫 溫 溫 溫

溫 溫 溫 溫 溫 溫 溫 溫 溫 溫 溫 溫 溫

그릇(皿)에 물(氵)를 담아 죄인(囚)에게 건네주니 그 마음이 '따스함'을 뜻해요.

교과서 한자어
· 溫度(온도) 덥고 찬 정도. 또는 그 도수.
· 溫水(온수) 따뜻한 물. 더운 물.

부수 氵(水) 총획 13획

 빈칸에 알맞은 음과 한자를 쓰세요.

❶ 言語 (어)　　**❷** 溫水 ( )　　**❸** 英語 ( )

❹ ☐ 材 (영재)　　**❺** 作 ☐ (작업)　　**❻** ☐ (영유)

📅　　월　　일

🕐 오전　　：
　　오후

🌷 뜻에 맞는 한자와 음을 찾아 연결해 보세요.

❶　귀신　•　•　神　•　•　영

❷　길다　•　•　言　•　•　언

❸　나무　•　•　樹　•　•　수

❹　잃다　•　•　失　•　•　실

❺　말씀　•　•　永　•　•　신

❻　법　•　•　術　•　•　업

❼　일　•　•　業　•　•　야

❽　밤　•　•　式　•　•　식

❾　재주　•　•　夜　•　•　술

❿　큰바다　•　•　洋　•　•　양

뜻과 음에 알맞게 한자를 완성해 보세요.

❶ 孫
손자 손

❷ 勝
이길 승

❸ 信
믿을 신

❹ 野
들 야

❺ 藥
약 약

❻ 溫
따뜻할 온

한자어에 알맞은 뜻을 찾아 연결해 보세요.

❶ 學習(학습) •

❷ 英材(영재) •

❸ 失手(실수) •

❹ 身體(신체) •

❺ 弱小國(약소국) •

• 경제력이나 군사력 따위가 약하고 작은 나라.

• 뛰어난 재능.

• 배워서 익힘.

• 부주의로 잘못함.

• 사람의 몸.

用 用 用 用 用

用 用 用 用 用

用

쓸 **용**

옛날에는 점(卜)을 쳐서 맞으면(中) 반드시 시행하는 것에서 '쓰다'를 뜻해요.

교과서 한자어 · 用度(용도) 씀씀이. 드는 비용. · 使用(사용) 물건을 쓰거나 사람을 부림.   부수 用   총획 5획

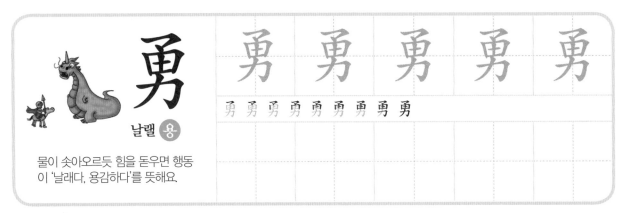

勇 勇 勇 勇 勇

勇 勇 勇 勇 勇 勇 勇 勇 勇

勇

날랠 **용**

물이 솟아오르듯 힘을 돋우면 행동이 '날래다, 용감하다'를 뜻해요.

교과서 한자어 · 勇氣(용기) 씩씩한 의기. 사물을 겁내지 않는 기개. · 勇士(용사) 용기가 있는 사람.   부수 力   총획 9획

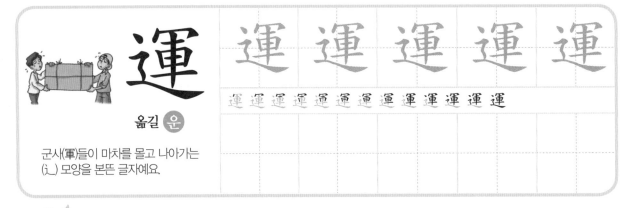

運 運 運 運 運

運 運 運 運 運 運 運 運 運 運 運 運 運

運

옮길 **운**

군사(軍)들이 마차를 몰고 나아가는 (辶) 모양을 본뜬 글자예요.

교과서 한자어 · 運行(운행) 운전하여 다님. 천체가 궤도를 따라 운동하는 일. · 運動場(운동장) 주로, 체육이나 운동 경기를 하기 위해 마련한 큰 마당.   부수 辶(辵)   총획 13획

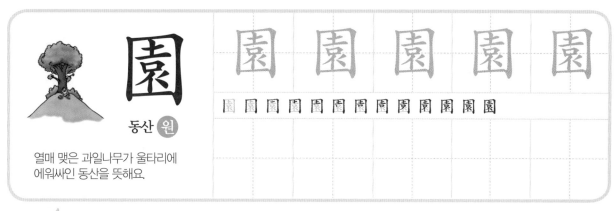

園
동산 **원**

열매 맺은 과일나무가 울타리에
에워싸인 동산을 뜻해요.

• 動物園(동물원) 동물을 모아 기르면서 일반에게 관람시키는 곳.
• 樂園(낙원) 안락하게 살 수 있는 이상향(理想鄕).

부수 口 총획 13획

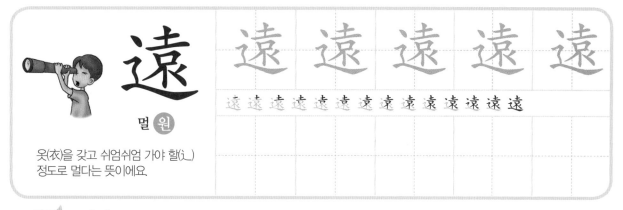

遠
멀 **원**

옷(衣)을 갖고 쉬엄쉬엄 가야 할(辶)
정도로 멀다는 뜻이에요.

• 遠近(원근) 멀고 가까움, 또는 먼 곳과 가까운 곳.
• 遠大(원대) (계획이나 희망 따위의) 규모가 크고 깊다.

부수 辶(辵) 총획 14획

🍎 빈칸에 알맞은 음과 한자를 쓰세요.

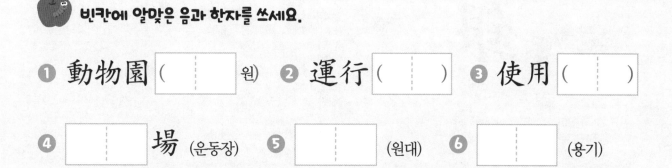

❶ 動物園 (　 ｜ 　 원) ❷ 運行 (　 ｜ 　) ❸ 使用 (　 ｜ 　)

❹ 　 ｜ 　 場 (운동장) ❺ 　 ｜ 　 (원대) ❻ 　 ｜ 　 (용기)

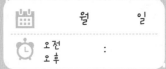

월   일
오전   :
오후

由

말미암을 유

나뭇가지에 열매가 매달린 모양을
본뜬 글자예요.

교과서
한자어
• 由來(유래) 사물이 연유하여 온 바.
• 自由(자유) 남에게 구속받거나 않고 자기 마음대로 행동하는 일.

부수 田   총획 5획

油

기름 유

열매에서 짜낸 물(氵)이므로 '기름'을
뜻해요.

교과서
한자어
• 油田(유전) 석유가 나는 지역.
• 石油(석유) 천연으로 지하에서 솟아나는 탄화수소류의 혼합물.

부수 氵(水)   총획 8획

銀

은 은

황금(金)이 되지 못한 한(艮)이 맺힌
금속인 은을 뜻해요.

교과서
한자어
• 金銀(금은) 금과 은. 금화(金貨)와 은화(銀貨).
• 銀行(은행) 일반인의 예금을 맡아 관리하는 일 등을 하는 금융 기관.

부수 金   총획 14획

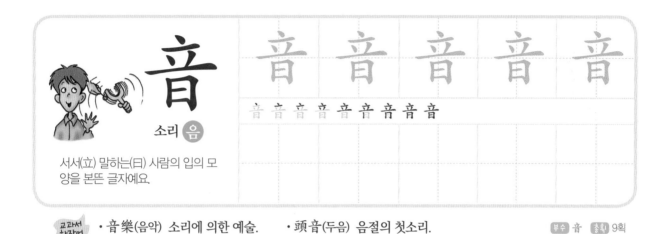

音 音 音 音 音

音 音 音 音 音 音 音 音 音

소리 **음**

서서(立) 말하는(日) 사람의 입의 모양을 본뜬 글자예요.

교과서
한자어 · 音樂(음악) 소리에 의한 예술. · 頭音(두음) 음절의 첫소리. 부수 音 총획 9획

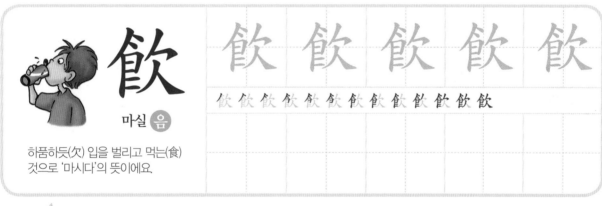

飮 飮 飮 飮 飮

飮 飮 飮 飮 飮 飮 飮 飮 飮 飮 飮 飮 飮

마실 **음**

하품하듯(欠) 입을 벌리고 먹는(食) 것으로 '마시다'의 뜻이에요.

교과서
한자어 · 飮食(음식) 먹고 마시는 물건. 음식물. · 飮酒(음주) 술을 마심. 부수 食 총획 13획

 빈칸에 알맞은 음과 한자를 쓰세요.

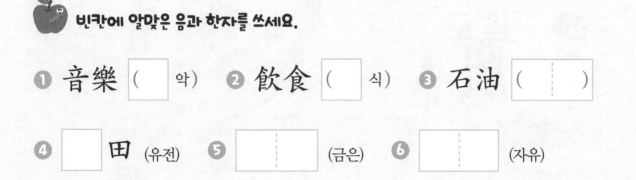

❶ 音樂 (악) ❷ 飮食 (식) ❸ 石油 ( )

❹ 田 (유전) ❺ (금은) ❻ (자유)

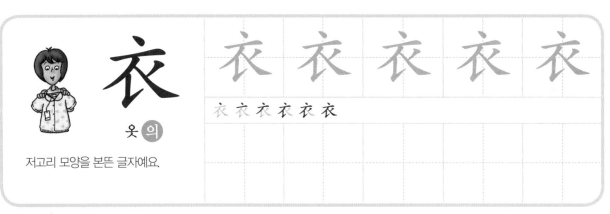

衣
옷 **의**

저고리 모양을 본뜬 글자예요.

衣 衣 衣 衣 衣

衣 衣 衣 衣 衣 衣

교과서 한자어
· 衣食住(의식주) 옷, 음식, 집. 인간생활의 3대 요소.
· 內衣(내의) 속옷.

부수 衣   총획 6획

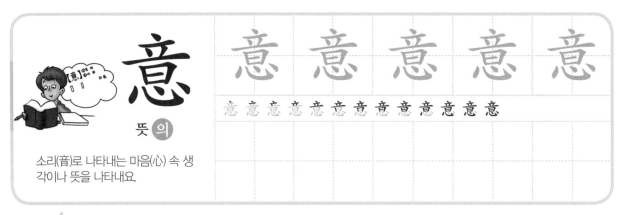

意
뜻 **의**

소리(音)로 나타내는 마음(心) 속 생각이나 뜻을 나타내요.

意 意 意 意 意

意 意 意 意 意 意 意 意 意 意 意 意

교과서 한자어
· 意外(의외) 뜻밖. 생각 밖.   · 同意(동의) 같은 뜻.

부수 心   총획 13획

醫

의원 **의**

다쳐서 신음하는 환자를 치유하는 것으로 병 고치는 의원을 뜻해요.

醫 醫 醫 醫 醫

醫 醫 醫 醫 醫 醫 醫 醫 醫 醫 醫 醫 醫 醫 醫 醫 醫

교과서 한자어
· 醫術(의술) 병을 고치는 기술. 의학에 관한 기술.
· 名醫(명의) 이름난 의사.

부수 酉   총획 18획

者

놈 **자**

노인(老)이 나이 어린 사람에게 낮춰 말하니(曰) '놈'이란 뜻이에요.

者 者 者 者 者
者 者 者 者 者 者 者 者 者

교과서 한자어
- 學者(학자) 학문을 연구하는 사람.
- 記者(기자) 신문·잡지·방송 등에서 기사(記事)를 모으거나 쓰는 사람.

부수 老　총획 9획

作

지을 **작**

사람이 쉴 틈 없이 무엇을 만드는 모습을 뜻해요.

作 作 作 作 作
作 作 作 作 作 作 作

교과서 한자어
- 作用(작용) 동작하는 힘. 힘이 미쳐 영향을 줌.
- 作動(작동) 기계의 운동 부분이 움직임.

부수 亻(人)　총획 7획

 빈칸에 알맞은 음과 한자를 쓰세요.

❶ 名醫 (　　　) ❷ 學者 (　　　) ❸ 衣食住 (　　　)

❹ [　　　] (작용) ❺ [　　　] (동의) ❻ [　　　] (내의)

오전
오후 　　：

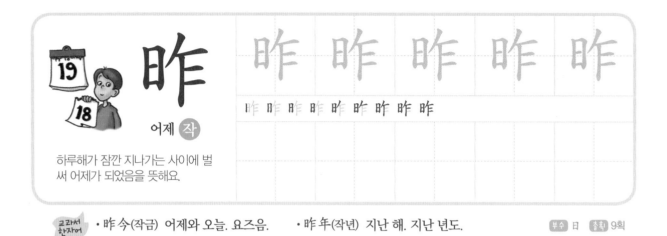

昨

어제 **작**

하루해가 잠깐 지나가는 사이에 벌써 어제가 되었음을 뜻해요.

교과서 한자어 ・昨今(작금) 어제와 오늘. 요즈음. ・昨年(작년) 지난 해. 지난 년도. 부수 日 총획 9획

章

글 **장**

형체가 없는 소리(音)를 묶어(十) 종이에 옮겨 놓으니 '글' 이라는 뜻이에요.

교과서 한자어 ・文章(문장) 한 줄거리의 생각이나 느낌을 글자로 기록해 나타낸 것. 부수 立 총획 11획
・圖章(도장) 개인이나 단체의 이름을 새긴 물건.

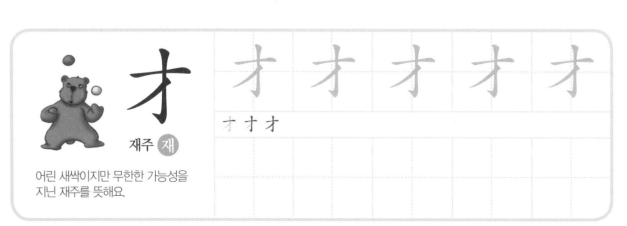

才

재주 **재**

어린 새싹이지만 무한한 가능성을 지닌 재주를 뜻해요.

교과서 한자어 ・才能(재능) 재주와 능력. ・英才(영재) 뛰어난 재주. 부수 手 총획 3획

在 在 在 在 在
在 在 在 在 在

있을 재

새싹이 흙에 뿌리를 박고 있는 것을 뜻해요.

교과서 한자어 · 在物(재물) 어떤 자리에 있는 물건.　· 所在(소재) 있는 바. 있는 곳.　부수 土　총획 6획

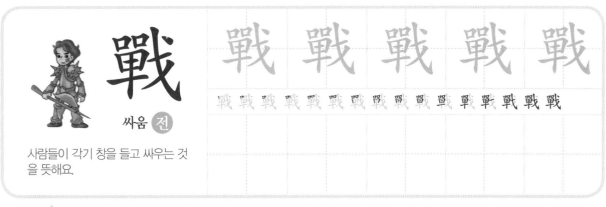

戰 戰 戰 戰 戰
戰 戰 戰 戰 戰 戰 戰 戰 戰 戰 戰 戰 戰 戰 戰 戰

싸움 전

사람들이 각기 창을 들고 싸우는 것을 뜻해요.

교과서 한자어 · 戰術(전술) 작전의 수행 방법이나 기술.　부수 戈　총획 16획
· 戰場(전장) 전쟁이 행하여지는 곳. 싸움터.

 빈칸에 알맞은 음과 한자를 쓰세요.

❶ 英才 (영 [　])　❷ 戰場 ([　] 장)　❸ 文章 ([　])

❹ [　] 能 (재능)　❺ [　] (작년)　❻ [　] (소재)

📅　　　월　　　일

⏰ 오전　　　：
　　오후

定
정할 **정**

定 定 定 定 定

定定定定定定定定

집안(宀)의 물건이 바르게(正) 자리잡
도록 정한다는 뜻이에요.

교과서
한자어 ·定立(정립) 증명되어야 할 명제. 　·安定(안정) 안전하게 자리잡음.

부수 宀 　총획 8획

庭
뜰 **정**

庭 庭 庭 庭 庭

庭庭庭庭庭庭庭庭庭庭

지붕을 이은 조정의 작은 뜰을 가리켰으
나 후에 백성의 뜰을 뜻하게 되었어요.

교과서
한자어 ·庭園(정원) 뜰, 특히 잘 가꾸어 놓은 넓은 뜰.
·家庭(가정) 한 가족이 살림하고 있는 집안.

부수 广 　총획 10획

第
차례 **제**

第 第 第 第 第

第第第第第第第第第第第

대나무와 나뭇가지에 덩굴식물이
아래에서 위로 올라가는 모양에서
'차례'를 뜻해요.

교과서
한자어 ·第三國(제삼국) 당사국이 아닌 다른 나라. 　·登第(등제) 과거에 급제함.

부수 竹 　총획 11획

題 | 題 | 題 | 題 | 題

題 題 題 題 題 題 題 題 題 題 題 題 題 題 題 題 題 題

제목 제

얼굴에서 넓고 반듯한 이마를 가리키는 것으로 책의 제목을 뜻해요.

교과서 한자어 ・題目(제목) 겉장에 쓴 책의 이름. ・題名(제명) 책이나 작품의 표제.   부수 頁 총획 18획

朝 | 朝 | 朝 | 朝 | 朝

朝 朝 朝 朝 朝 朝 朝 朝 朝 朝 朝

아침 조

동쪽에서 해가 떠오르고 배 모양의 달이 보이니 아침이란 뜻이에요.

교과서 한자어 ・朝夕(조석) 아침과 저녁. ・一朝一夕(일조일석) '아주 짧은 시일'을 이르는 말.   부수 月 총획 12획

 빈칸에 알맞은 음과 한자를 쓰세요.

❶ 庭園 (　　　원)　❷ 朝夕 (　　　　)　❸ 第三國 (　　　　　)

❹ 家 □ (가정)　❺ □ □ (제목)　❻ □ □ (안정)

📅   월   일

🕐 오전
   오후   :

 뜻에 맞는 한자와 음을 찾아 연결해 보세요.

❶	글	•	•	章	•	•	원
❷	정하다	•	•	園	•	•	장
❸	마시다	•	•	定	•	•	정
❹	뜻	•	•	飮	•	•	음
❺	동산	•	•	意	•	•	의
❻	놈	•	•	者	•	•	자
❼	날래다	•	•	油	•	•	용
❽	싸움	•	•	朝	•	•	전
❾	기름	•	•	勇	•	•	유
❿	아침	•	•	戰	•	•	조

🐝 뜻과 음에 알맞게 한자를 완성해 보세요.

① 園 동산 원

② 銀 은 은

③ 醫 의원 의

④ 昨 어제 작

⑤ 朝 아침 조

⑥ 題 제목 제

 한자어에 알맞은 뜻을 찾아 연결해 보세요.

① 所在(소재) •

② 運動場(운동장) •

③ 音樂(음악) •

④ 第三國(제삼국) •

⑤ 作用(작용) •

• 체육이나 운동 경기를 하기 위해 마련한 큰 마당.

• 있는 바. 있는 곳.

• 소리에 의한 예술.

• 동작하는 힘. 힘이 미쳐 영향을 줌

• 당사국이 아닌 다른 나라.

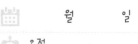

族

겨레 족

한 깃발에 같은 핏줄의 무리가 활을
들고 싸운다는 데서 '겨레'를 뜻해요.

• 民族(민족) 동일한 지역 언어 생활 양식 문화 역사 등을 갖는 인간 집단.
• 同族(동족) 같은 겨레.

부수 方   총획 11획

注

부을 주

햇불을 켜고 논에 '물을 댄다'는 뜻
이에요.

• 注目(주목) 눈길을 한곳에 모아서 봄.   • 注入(주입) 쏟아 넣음. 부어 넣음.

부수 氵(水)   총획 8획

晝

낮 주

하루종일 책을 읽으니 '낮'을 뜻해요.

교과서
한자어
• 晝夜(주야) 낮과 밤. 밤낮.   • 晝間(주간) 낮 동안.

부수 日   총획 11획

集

모을 집

새(隹)들이 나무(木)에 앉아 있으니
'모이다'를 뜻해요.

集 集 集 集 集

集 集 集 集 集 集 集 集 集 集

교과서
한자어
• 集中(집중) 한군데로 모이거나 한군데로 모음.
• 文集(문집) 시나 문장을 모아 엮은 책.

부수 隹 총획 12획

窓

창 창

구멍(穴)을 뚫어 밝은 빛(厶)이 들어
오므로 창을 뜻해요.

窓 窓 窓 窓 窓

窓 窓 窓 窓 窓 窓 窓 窓 窓 窓 窓

교과서
한자어
• 窓門(창문) 채광이나 통풍을 위하여 벽에 낸 작은 문.
• 同窓(동창) 같은 학교나 같은 스승 밑에서 공부한 관계.

부수 穴 총획 11획

 빈칸에 알맞은 음과 한자를 쓰세요.

❶ 注入 ([ ] 입) ❷ 晝間 ([ ] 간) ❸ 注目 ([ ] [ ])

❹ [ ] 中 (집중) ❺ [ ] [ ] (창문) ❻ [ ] [ ] (민족)

월   일
오전   :
오후

清

맑을 청

淸 淸 淸 淸 淸

淸淸淸淸淸淸淸淸淸淸淸

물(氵)이 푸르므로(靑) '맑다'는 뜻이
에요.

• 淸明(청명) 날씨가 맑고 밝음. 24절기의 하나.
• 淸風(청풍) 맑고 부드러운 바람.

부수 氵(水) 총획 11획

體

몸 체

體 體 體 體 體

體體體體體體體體體體體體體體體體體體體體體體

뼈(骨)가 풍성(豊)하여 몸을 이룬다는
뜻이에요.

• 體溫(체온) 생물체가 가지고 있는 온도.   • 全體(전체) (사물이나 현상의) 전부.

부수 骨 총획 23획

親

친할 친

親 親 親 親 親

親親親親親親親親親親親親親親親親

나무(木)를 심고 세워(立) 보살피듯이
(見) 친하게 보살피고 사랑한다는 뜻이
에요.

• 親近(친근) 지내는 사이가 매우 가까움.   • 親族(친족) 촌수가 가까운 인척.

부수 見 총획 16획

클 태

큰 대(大)와 큰 대(大)를 합해 '크다'는
뜻을 나타내요.

太 大 大 太

교과서
한자어
· 太古(태고) 아주 오랜 옛날.
· 太陽(태양) 해. 언제나 빛나고 만물을 육성하여 희망을 주는 것.

부수 大 총획 4획

통할 통

길 용(甬)에 갈 착(辶)을 합해, 이어져
통하게 됨을 뜻해요.

通 通 通 甬 甬 甬 甬 通 通 通 通

교과서
한자어
· 通計(통계) 통틀어서 계산함. 셈함.   · 通話(통화) 전화로 말을 주고받음.

부수 辶(辵) 총획 11획

 빈칸에 알맞은 음과 한자를 쓰세요.

❶ 體溫 (⎵ 온)   ❷ 清明 (⎵ ⎵)   ❸ 通話 (⎵ ⎵)

❹ ⎵ 近 (친근)   ❺ ⎵ ⎵ (전체)   ❻ ⎵ ⎵ (태양)

월   일
오전   :
오후

特

특별할 (특)

예전에 관청(寺)에서 소(牛)를 특별한
존재라 여긴데서 '특별하다'를 뜻해요.

特 特 特 特 特

特 特 特 特 特 特 特 特 特 特

 교과서
한자어
· 特定(특정) 특별한 지정.
· 特別市(특별시) 지방 자치 단체의 한 가지. 도(道)와 동일한 격(格)을 가진 시.

부수 牛 총획 10획

表

겉 (표)

털(毛)로 만든 옷(衣)을 바깥에 입으
니 '겉'이란 뜻이에요.

表 表 表 表 表

表 表 表 表 表 表 表 表

 교과서
한자어
· 表現(표현) 의사나 감정 등을 드러내어 표면에 나타내는 일.
· 表記(표기) 책·문서·봉투 등의 거죽에 기록함.

부수 衣 총획 8획

風

바람 (풍)

동굴(几)에서 바람(-)이 나오는 것이
마치 벌레(虫)들의 움직임 같다는 뜻
이에요.

風 風 風 風 風

風 風 風 風 風 風 風 風 風

교과서
한자어
· 風力(풍력) 바람의 힘.
· 強風(강풍) 세차게 부는 바람.

부수 風 총획 9획

合

합할 **합**

여러 사람(人)의 입(口)에서 나오는 말
이 하나(一)이므로 '합하다'를 뜻해요.

合 合 合 合 合
合合合合合合

교과서
한자어 · 合心(합심) 마음을 한군데로 합함.　· 合計(합계) (수나 양을) 합하여 셈함.　부수 口 총획 6획

行

다닐 **행** / 항렬 **항**

사람이 걸어다니는 사거리 길에서,
'다니다'를 뜻해요.

行 行 行 行 行
行行行行行行

교과서
한자어 · 行動(행동) 몸을 움직여 동작함. 또, 그 동작.　부수 行 총획 6획
· 行軍(행군) (군대 등에서) 줄을 지어 걸어감.

🍎 빈칸에 알맞은 음과 한자를 쓰세요.

① 強風(강 [　])　② 風力 ([　])　③ 特別市 ([　])

④ [　] 現 (표현)　⑤ [　] (행군)　⑥ [　] (합심)

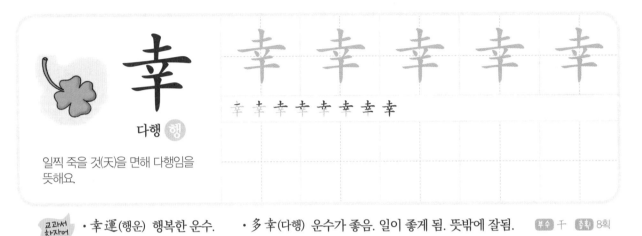

幸

다행 **행**

일찍 죽을 것(夭)을 면해 다행임을
뜻해요.

교과서
한자어
· 幸運(행운) 행복한 운수.　　· 多幸(다행) 운수가 좋음. 일이 좋게 됨. 뜻밖에 잘됨.　부수 干　총획 8획

向

향할 **향**

집 북쪽으로 나 있는 창문을 본떠서
만든 글자예요.

교과서
한자어
· 向上(향상) 위로 오름. 차차 나아짐.　부수 口　총획 6획
· 方向(방향) 향하는 쪽. 방위. 뜻이 향하는 곳.

現

나타날 **현**

구슬(玉)을 잘 닦아 보면(見) 옥빛이 나
타난다는 뜻에서 '나타내다'를 뜻해요.

교과서
한자어
· 現在(현재) 이제. 이 세상 과거와 미래와의 경계.　· 出現(출현) 나타나 보임.　부수 王(玉)　총획 11획

형 | 모양

形 形 形 形 形

形 形 形 形 形 形 形

평평한 면에 그림을 그리는 형상, 모양을 뜻해요.

교과서 한자어 ・形成(형성) 어떤 형태나 구조를 이룸. ・有形(유형) 형체가 있음.

부수 彡　총획 7획

호 | 이름

號 號 號 號 號

號 號 號 號 號 號 號 號 號 號 號 號 號

범의 울음소리가 마치 부르짖는 것과 같음을 뜻해요.

교과서 한자어 ・號數(호수) 번호의 수효. ・國號(국호) (공식적인) 나라의 이름.

부수 虍　총획 13획

 빈칸에 알맞은 음과 한자를 쓰세요.

❶ 幸運 ([ ] 운) ❷ 號數 ([ ] 수) ❸ 形成 ([ ])

❹ 出 [ ] (출현) ❺ 國 [ ] (국호) ❻ [ ] (방향)

월   일

오전
오후   :

和

화할 화

쌀(禾)이 입(口)에 들어가면 행복하듯
여러 사람이 사이좋게 지냄을 뜻해요.

和 和 和 和 和

和 和 和 和 和 和 和 和

교과서
한자어   · 和氣(화기) 온화한 기색. 화목한 기운.   · 平和(평화) 평온하고 화목(和睦)함.   부수 口 총획 8획

畵

그림 화 / 그을 획

붓으로 밭에 획을 그어 경계를 구분
짓거나 그림을 그린다는 뜻이에요.

畵 畵 畵 畵 畵

畵 畵 畵 畵 畵 畵 畵 畵 畵 畵 畵 畵

교과서
한자어   · 畵家(화가) 그림 그리기를 전문으로 하는 사람.   부수 田 총획 12획
· 名畵(명화) 이름난 그림. 잘 그린 그림.

黃

누를 황

밭의 빛깔이 황색이라는 뜻이에요.

黃 黃 黃 黃 黃

黃 黃 黃 黃 黃 黃 黃 黃 黃 黃 黃 黃

교과서
한자어   · 黃金(황금) 금. 돈. 즉 재물을 뜻함.   · 黃土(황토) 누르고 거무스름한 흙.   부수 黃 총획 12획

158

會

모일 (회)

이야기할 많은 사람을 불러 모은다는 뜻이에요.

교과서 한자어
• 會同(회동) 같은 목적으로 여럿이 모임.   • 入會(입회) 모임에 가입하여 회원이 됨.   부수 日   총획 13획

訓

가르칠 (훈)

말씀 언(言)과 흐를 천(川)을 합친 글자로, '물이 흐르듯 말을 따르게 가르친다'는 뜻이에요.

교과서 한자어
• 訓育(훈육) 가르쳐 기름.   • 教訓(교훈) 가르침.   부수 言   총획 10획

 빈칸에 알맞은 음과 한자를 쓰세요.

❶ 訓育 (⬚ 육)   ❷ 畫家 (⬚ 가)   ❸ 入會 (⬚ · ⬚)

❹ 名 ⬚ (명화)   ❺ ⬚ · ⬚ (황토)   ❻ ⬚ · ⬚ (평화)

 뜻에 맞는 한자와 음을 찾아 연결해 보세요.

❶ 모으다 •   • 集 •   • 집

❷ 몸 •   • 窓 •   • 창

❸ 크다 •   • 體 •   • 체

❹ 창 •   • 太 •   • 태

❺ 바람 •   • 風 •   • 풍

❻ 합하다 •   • 合 •   • 형

❼ 그림 •   • 現 •   • 현

❽ 모양 •   • 形 •   • 합

❾ 나타나다 •   • 畵 •   • 화

❿ 모이다 •   • 會 •   • 회

160

🐝 뜻과 음에 알맞게 한자를 완성해 보세요.

❶ 扸	❷ 書	❸ 寺
겨레 족	낮 주	특별할 특

❹ 覞	❺ 號	❻ 黃
친할 친	이름 호	누를 황

🐞 한자어에 알맞은 뜻을 찾아 연결해 보세요.

❶ 教訓(교훈) •   • 위로 오름. 차차 나아짐.

❷ 注目(주목) •   • 몸을 움직여 동작함.
                            또, 그 동작.

❸ 清明(청명) •   • 눈길을 한곳에 모아서 봄.

❹ 向上(향상) •   • 날씨가 맑고 밝음. 24절기의
                            하나.

❺ 行動(행동) •   • 가르침.

다음 뜻에 알맞은 한자를 <보기>에서 찾아 번호를 쓰세요.

보기

①感 ②反 ③短 ④勇 ⑤樹

1. 느끼다

2. 짧다

3. 돌이키다

4. 나무

5. 날래다

다음 한자에 알맞은 뜻과 음을 <보기>에서 찾아 번호를 쓰세요.

보기

① 가르칠 훈 ② 사랑 애 ③ 자리 석 ④ 낮 주 ⑤ 싸움 전

6. 晝

7. 訓

8. 戰

9. 愛

10. 席

 다음 한자에서 진하게 표시한 획은 몇 번째로 쓰는지 숫자로 쓰세요.

11.
（　　　）

12.
（　　　）

13.
（　　　）

14.
（　　　）

15.
（　　　）

 다음 밑줄 친 부분을 뜻하는 한자를 〈보기〉에서 찾아 번호를 쓰세요.

보기

❶ 用　　❷ 球　　❸ 聞　　❹ 服　　❺ 溫

16. 은수가 전학을 간다는 소식을 들었습니다.

17. 자를 사용해서 줄을 반듯이 그으세요.

18. 따뜻한 물로 머리를 감았습니다.

19. 옷을 단정히 입고 등교해야 합니다.

20. 동생이 공을 뻥 찼습니다.

정답

DAY 01
❶ 일 ❷ 이 ❸ 삼
❹ 四 ❺ 五五 ❻ 一

DAY 02
❶ 육 ❷ 칠 ❸ 팔구십
❹ 八九 ❺ 八 ❻ 九九

DAY 03
❶ 부 ❷ 모 ❸ 부모
❹ 弟 ❺ 父女 ❻ 兄弟

DAY 04
❶ 서 ❷ 배 ❸ 동서
❹ 東 ❺ 外 ❻ 南北

DAY 05
❶ 대 ❷ 중 ❸ 대소
❹ 大 ❺ 月日 ❻ 日月

DAY 1-5 복습

 뜻에 맞는 한자와 음을 찾아 연결해 보세요.

 뜻과 음에 알맞게 한자를 완성해 보세요.

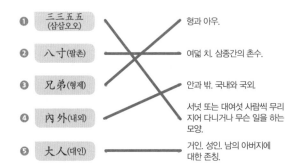

한자어에 알맞은 뜻을 찾아 연결해 보세요.

❶ 三三五五 (삼삼오오) ─ 형과 아우.
❷ 八寸(팔촌) ─ 여덟 치. 삼종간의 촌수.
❸ 兄弟(형제) ─ 안과 밖. 국내와 국외.
❹ 內外(내외) ─ 서넛 또는 대여섯 사람씩 무리 지어 다니거나 무슨 일을 하는 모양.
❺ 大人(대인) ─ 거인. 성인. 남의 아버지에 대한 존칭.

DAY 06
❶ 화 ❷ 목 ❸ 수중
❹ 金 ❺ 土 ❻ 土木

DAY 07
❶ 학 ❷ 교 ❸ 학교
❹ 門 ❺ 教學 ❻ 室外

DAY 08
❶ 선 ❷ 생일 ❸ 선생
❹ 軍 ❺ 大人 ❻ 外三寸

DAY 09
❶ 왕국 ❷ 한국 ❸ 국민
❹ 王 ❺ 年長 ❻ 國土

DAY 10
❶ 산수 ❷ 만인 ❸ 학년
❹ 白 ❺ 山 ❻ 青年

DAY 6-10 복습

🌻 뜻에 맞는 한자와 음을 찾아 연결해 보세요.

❶	불	━━	火		목
❷	나다, 살다		木		산
❸	나무		山		교
❹	산		教		화
❺	가르치다		生	━━	생
❻	희다		軍		왕
❼	군사		王		장
❽	임금		長		청
❾	길다, 어른		青		백
❿	푸르다		白		군

🐝 뜻과 음에 알맞게 한자를 완성해 보세요.

❶ 金 ❷ 學 ❸ 室
❹ 先 ❺ 韓 ❻ 萬

🐞 한자어에 알맞은 뜻을 찾아 연결해 보세요.

❶ 國民 (국민)   물 속.

❷ 南大門 (남대문)   서울에 있는 '숭례문'의 딴 이름.

❸ 山水 (산수)   어머니의 남형제.

❹ 水中 (수중)   한 나라의 통치권 밑에 같은 국적을 가진 사람.

❺ 外三寸 (외삼촌)   산과 물. 자연의 경치.

8급 연습문제

❶ ④	❷ ③	❸ ②
❹ ⑤	❺ ①	❻ ②
❼ ③	❽ ①	❾ ⑤
❿ ④	⓫ ③	⓬ ⑤
⓭ ⑤	⓮ ③	⓯ ⑥
⓰ ⑤	⓱ ②	⓲ ④
⓳ ①	⓴ ③	

DAY 11

| ❶ 지 | ❷ 천지 | ❸ 이민 |
| ❹ 上 | ❺ 下山 | ❻ 下人 |

DAY 12

| ❶ 전 | ❷ 후 | ❸ 전후 |
| ❹ 左 | ❺ 右 | ❻ 四方 |

DAY 13

| ❶ 동 | ❷ 추석 | ❸ 청춘 |
| ❹ 夏 | ❺ 冬天 | ❻ 七月七夕 |

DAY 14

| ❶ 기력 | ❷ 유력 | ❸ 자연 |
| ❹ 自 | ❺ 有 | ❻ 色色 |

DAY 15

| ❶ 해군 | ❷ 강남 | ❸ 산림 |
| ❹ 育 | ❺ 江山 | ❻ 山川 |

DAY 11-15 복습

🌷 뜻에 맞는 한자와 음을 찾아 연결해 보세요.

❶ 봄	天 —— 천	
❷ 가을	地	추
❸ 수풀	春	춘
❹ 하늘	秋	림
❺ 땅	林 —— 지	
❻ 스스로	前 —— 전	
❼ 그러하다	後	강
❽ 강	自	자
❾ 앞	然	연
❿ 뒤	江	후

🐝 뜻과 음에 알맞게 한자를 완성해 보세요.

❶ 里 ❷ 左 ❸ 夏
❹ 有 ❺ 育 ❻ 海

🐞 한자어에 알맞은 뜻을 찾아 연결해 보세요.

❶ 下山(하산)	감정을 나타내는 얼굴빛.
❷ 四方(사방)	강과 산. 나라의 영토.
❸ 七月七夕 (칠월칠석)	동·서·남·북의 네 방향. 둘레의 모든 방향.
❹ 氣色(기색)	산에서 내려옴.
❺ 江山(강산)	음력 7월 7일 저녁.

DAY 16

❶ 동 ❷ 초 ❸ 식물
❹ 花 ❺ 草木 ❻ 生物

DAY 17

❶ 효 ❷ 조국 ❸ 효심
❹ 少 ❺ 老人 ❻ 孝女

DAY 18

❶ 주인 ❷ 가문 ❸ 유부녀
❹ 男女 ❺ 父子 ❻ 子女

DAY 19

❶ 족 ❷ 수족 ❸ 사후
❹ 事 ❺ 食口 ❻ 生命

DAY 20

❶ 전 ❷ 농부 ❸ 촌장
❹ 全 ❺ 農 ❻ 市内

DAY 16-20 복습

🌷 뜻에 맞는 한자와 음을 찾아 연결해 보세요.

❶ 집	動 —— 동	
❷ 물건	祖	가
❸ 마음	家	물
❹ 움직이다	物	심
❺ 할아버지	心	조
❻ 아들	子	시
❼ 일	手	수
❽ 저자	村	자
❾ 마을	市	사
❿ 손	事	촌

🐝 뜻과 음에 알맞게 한자를 완성해 보세요.

① 植　② 孝　③ 男
④ 食　⑤ 足　⑥ 農

🐞 한자어에 알맞은 뜻을 찾아 연결해 보세요.

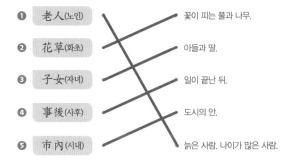

① 老人 (노인)　　　　　　꽃이 피는 풀과 나무.

② 花草 (화초)　　　　　　아들과 딸.

③ 子女 (자녀)　　　　　　일이 끝난 뒤.

④ 事後 (사후)　　　　　　도시의 안.

⑤ 市內 (시내)　　　　　　늙은 사람. 나이가 많은 사람.

DAY 21
① 공　② 농장　③ 인력거
④ 車　⑤ 道　⑥ 每年

DAY 22
① 면　② 동　③ 읍면
④ 住　⑤ 所　⑥ 住所

DAY 23
① 편　② 지　③ 등기
④ 記　⑤ 登　⑥ 來日

DAY 24
① 평　② 출　③ 출생
④ 入　⑤ 安心　⑥ 人口

DAY 25
① 정　② 답　③ 동문서답
④ 直　⑤ 問　⑥ 世上

🌷 뜻에 맞는 한자와 음을 찾아 연결해 보세요.

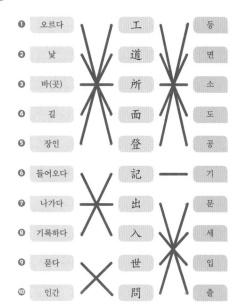

① 오르다　　工　　등
② 낮　　　　道　　면
③ 바(곳)　　所　　소
④ 길　　　　面　　도
⑤ 장인　　　登　　공
⑥ 들어오다　記　　기
⑦ 나가다　　出　　문
⑧ 기록하다　入　　세
⑨ 묻다　　　世　　입
⑩ 인간　　　問　　출

🐝 뜻과 음에 알맞게 한자를 완성해 보세요.

① 場　② 邑　③ 紙
④ 來　⑤ 平　⑥ 直

🐞 한자어에 알맞은 뜻을 찾아 연결해 보세요.

① 每年 (매년)　　　　'동쪽을 묻는데 서쪽을 대답한다는 뜻'으로 묻는 말에 대하여 아주 딴판인 대답.

② 住民 (주민)　　　　들어갈 수 있도록 문을 낸 곳.

③ 便安 (편안)　　　　무사함. 몸과 마음이 거북하지 않고 한결같이 좋음.

④ 入口 (입구)　　　　일정한 지역에 사는 사람.

⑤ 東問西答 (동문서답)　　차례로 돌아오는 그 해. 해마다.

DAY 26

① 가   ② 문   ③ 한문
④ 歌   ⑤ 語   ⑥ 文字

DAY 27

① 산   ② 오   ③ 산수
④ 百   ⑤ 千字   ⑥ 正午

DAY 28

① 공   ② 시공   ③ 역부족
④ 重   ⑤ 間   ⑥ 力道

DAY 29

① 전   ② 성   ③ 수화
④ 名   ⑤ 人命   ⑥ 同生

DAY 30

① 입   ② 기   ③ 불로장생
④ 活   ⑤ 不   ⑥ 休日

DAY 26-30 복습

 뜻에 맞는 한자와 음을 찾아 연결해 보세요.

① 말씀	千	가
② 노래	午	공
③ 비다	語	어
④ 일천	歌	천
⑤ 낮	空	오
⑥ 아니다	名	간
⑦ 쉬다	同	명
⑧ 사이	不	동
⑨ 이름	休	불/부
⑩ 한가지	間	휴

🐝 뜻과 음에 알맞게 한자를 완성해 보세요.

① 百   ② 漢   ③ 時
④ 電   ⑤ 話   ⑥ 旗

🐞 한자어에 알맞은 뜻을 찾아 연결해 보세요.

① 數學(수학)	지표 부근의 물체를 지구의 중심 방향으로 끌어당기는 힘.
② 文字(문자)	수 및 공간 도형의 성질을 논하는 학문의 총칭.
③ 重力(중력)	성과 이름.
④ 姓名(성명)	살아서 활동함.
⑤ 生活(생활)	말의 소리나 뜻을 나타내는 글자.

7급 연습문제

① ④	② ③	③ ⑤
④ ①	⑤ ②	⑥ ③
⑦ ②	⑧ ①	⑨ ②
⑩ ⑤	⑪ ⑤	⑫ ⑨
⑬ ①	⑭ ③	⑮ ④
⑯ ③	⑰ ②	⑱ ④
⑲ ⑤	⑳ ①	

DAY 31

① 각   ② 강풍   ③ 각국
④ 開   ⑤ 感   ⑥ 各地

DAY 32

① 고   ② 상경   ③ 고금
④ 計   ⑤ 世界   ⑥ 高手

DAY 33

① 고심   ② 공동   ③ 공공

④ 果　　⑤ 公用　　⑥ 成功

DAY 34
❶ 구　　　❷ 교　　　❸ 지구
❹ 光　　　❺ 區分　　❻ 交通

DAY 35
❶ 급　　　❷ 군민　　❸ 근대
❹ 根　　　❺ 近　　　❻ 今年

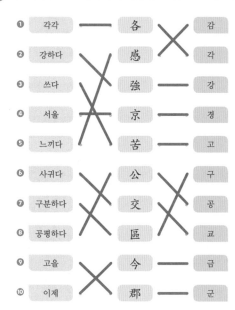

DAY 31-35 복습

뜻에 맞는 한자와 음을 찾아 연결해 보세요.

❶ 각각　　　各　　　감
❷ 강하다　　感　　　각
❸ 쓰다　　　強　　　강
❹ 서울　　　京　　　경
❺ 느끼다　　苦　　　고
❻ 사귀다　　公　　　구
❼ 구분하다　交　　　공
❽ 공평하다　區　　　교
❾ 고을　　　今　　　금
❿ 이제　　　郡　　　군

뜻과 음에 알맞게 한자를 완성해 보세요.

❶ 開　　❷ 計　　❸ 果
❹ 科　　❺ 根　　❻ 共

한자어에 알맞은 뜻을 찾아 연결해 보세요.

❶ 強國(강국)　　　　과일 나무를 많이 심어 놓은 밭.

❷ 高手(고수)　　　　사물의 발생이나 진행 따위가
　　　　　　　　　　몹시 빠름.

❸ 果樹園(과수원)　　세력이 강한 나라. 강대국.

❹ 球場(구장)　　　　수가 높은 사람. 상수.

❺ 急速(급속)　　　　축구 · 배구 · 야구 등 구기를
　　　　　　　　　　하는 운동장.

DAY 36
❶ 당　　　❷ 다　　　❸ 대표
❹ 短　　　❺ 多幸　　❻ 食堂

DAY 37
❶ 대　　　❷ 탁　　　❸ 대화
❹ 讀　　　❺ 圖　　　❻ 角度

DAY 38
❶ 낙　　　❷ 두　　　❸ 동심
❹ 童　　　❺ 例　　　❻ 一等

DAY 39
❶ 레　　　❷ 녹　　　❸ 이용
❹ 李　　　❺ 路　　　❻ 有利

DAY 40
❶ 문　　　❷ 목　　　❸ 발명
❹ 理　　　❺ 米　　　❻ 明明

정답

DAY 36-40 복습

🌷 뜻에 맞는 한자와 음을 찾아 연결해 보세요.

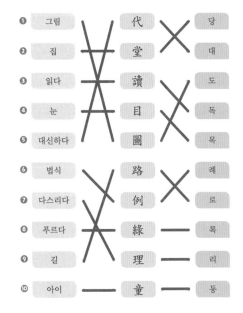

① 그림	代	당
② 집	堂	대
③ 읽다	讀	도
④ 눈	目	독
⑤ 대신하다	圖	목
⑥ 법식	路	례
⑦ 다스리다	例	로
⑧ 푸르다	綠	록
⑨ 길	理	리
⑩ 아이	童	동

🐝 뜻과 음에 알맞게 한자를 완성해 보세요.

① 級 ② 短 ③ 待
④ 樂 ⑤ 禮 ⑥ 聞

🐞 한자어에 알맞은 뜻을 찾아 연결해 보세요.

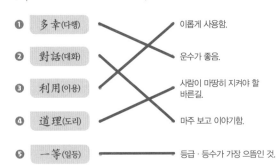

① 多幸(다행)	이롭게 사용함.
② 對話(대화)	운수가 좋음.
③ 利用(이용)	사람이 마땅히 지켜야 할 바른길.
④ 道理(도리)	마주 보고 이야기함.
⑤ 一等(일등)	등급·등수가 가장 으뜸인 것.

DAY 41

① 반 ② 소 ③ 합반
④ 半 ⑤ 反 ⑥ 美人

DAY 42

① 번 ② 별 ③ 방학
④ 病 ⑤ 放心 ⑥ 發生

DAY 43

① 복 ② 사 ③ 부분
④ 分 ⑤ 本色 ⑥ 衣服

DAY 44

① 서 ② 석 ③ 사활
④ 石工 ⑤ 使用 ⑥ 石油

DAY 45

① 소 ② 성 ③ 성과
④ 線 ⑤ 消火 ⑥ 白雪

DAY 41-45 복습

🌷 뜻에 맞는 한자와 음을 찾아 연결해 보세요.

① 나누다	美	별
② 아름답다	分	미
③ 사라지다	別	분
④ 죽다	死	사
⑤ 다르다	消	소
⑥ 눈	雪	반
⑦ 나누다	病	본
⑧ 병	班	설
⑨ 자리	本	병
⑩ 근본	席	석

🐝 뜻과 음에 알맞게 한자를 완성해 보세요.

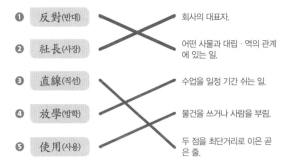

① 反 ② 發 ③ 服
④ 書 ⑤ 使 ⑥ 省

🐞 한자어에 알맞은 뜻을 찾아 연결해 보세요.

① 反對(반대) — 어떤 사물과 대립·역의 관계에 있는 일.
② 社長(사장) — 회사의 대표자.
③ 直線(직선) — 두 점을 최단거리로 이은 곧은 줄.
④ 放學(방학) — 수업을 일정 기간 쉬는 일.
⑤ 使用(사용) — 물건을 쓰거나 사람을 부림.

DAY 46
① 식 ② 속 ③ 학습
④ 術 ⑤ 樹木 ⑥ 子子孫孫

DAY 47
① 승 ② 신 ③ 장신
④ 身 ⑤ 始 ⑥ 公式

DAY 48
① 신 ② 신용 ③ 애국
④ 夜 ⑤ 失手 ⑥ 自信

DAY 49
① 약 ② 약소 ③ 야생
④ 陽 ⑤ 弱 ⑥ 大洋

DAY 50
① 언 ② 온수 ③ 영어
④ 英 ⑤ 業 ⑥ 永有

DAY 46-50 복습

🌷 뜻에 맞는 한자와 음을 찾아 연결해 보세요.

① 귀신 — 神 — 신
② 길다 — 永 — 영
③ 나무 — 樹 — 수
④ 잃다 — 失 — 실
⑤ 말씀 — 言 — 언

⑥ 법 — 式 — 식
⑦ 일 — 業 — 업
⑧ 밤 — 夜 — 야
⑨ 재주 — 術 — 술
⑩ 큰바다 — 洋 — 양

🐝 뜻과 음에 알맞게 한자를 완성해 보세요.

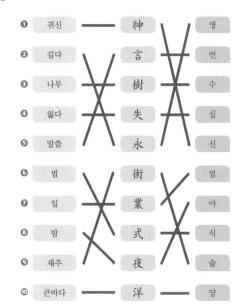

① 孫 ② 勝 ③ 信
④ 野 ⑤ 藥 ⑥ 溫

🐞 한자어에 알맞은 뜻을 찾아 연결해 보세요.

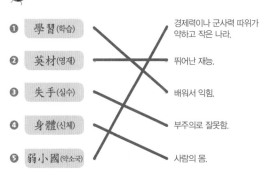

① 學習(학습) — 배워서 익힘.
② 英材(영재) — 뛰어난 재능.
③ 失手(실수) — 부주의로 잘못함.
④ 身體(신체) — 사람의 몸.
⑤ 弱小國(약소국) — 경제력이나 군사력 따위가 약하고 작은 나라.

DAY 51
① 동물　② 운행　③ 사용
④ 運動　⑤ 遠大　⑥ 勇氣

DAY 52
① 음　② 음　③ 석유
④ 油　⑤ 金銀　⑥ 自由

DAY 53
① 명의　② 학자　③ 의식주
④ 作用　⑤ 同意　⑥ 内衣

DAY 54
① 재　② 전　③ 문장
④ 才　⑤ 昨年　⑥ 所在

DAY 55
① 정　② 조석　③ 제삼국
④ 庭　⑤ 題目　⑥ 安定

DAY 51-55 복습

뜻에 맞는 한자와 음을 찾아 연결해 보세요.

🐝 뜻과 음에 알맞게 한자를 완성해 보세요.

① 園　② 銀　③ 醫
④ 昨　⑤ 朝　⑥ 題

🐞 한자어에 알맞은 뜻을 찾아 연결해 보세요.

① 所在(소재) ─ 있는 바. 있는 곳.

② 運動場(운동장) ─ 체육이나 운동 경기를 하기 위해 마련한 큰 마당.

③ 音樂(음악) ─ 소리에 의한 예술.

④ 第三國(제삼국) ─ 당사국이 아닌 다른 나라.

⑤ 作用(작용) ─ 동작하는 힘. 힘이 미쳐 영향을 줌

DAY 56
① 주　② 주　③ 주목
④ 集　⑤ 窓門　⑥ 民族

DAY 57
① 체　② 청명　③ 통화
④ 親　⑤ 全體　⑥ 太陽

DAY 58
① 풍　② 풍력　③ 특별시
④ 表　⑤ 行軍　⑥ 合心

DAY 59
① 행　② 호　③ 형성
④ 現　⑤ 號　⑥ 方向

DAY 60
① 훈　② 화　③ 입회
④ 畵　⑤ 黃土　⑥ 平和

DAY 56-60 복습

뜻에 맞는 한자와 음을 찾아 연결해 보세요.

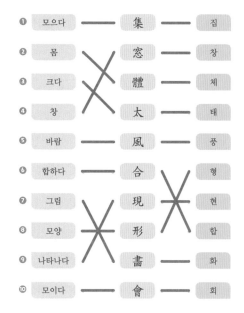

	뜻		한자		음
❶	모으다	—	集	—	집
❷	몸		窓	—	창
❸	크다		體		체
❹	창		太		태
❺	바람	—	風		풍
❻	합하다	—	合		형
❼	그림		現		현
❽	모양		形		합
❾	나타나다		畫		화
❿	모이다	—	會	—	회

6급 연습문제

❶ ①		❷ ③		❸ ②	
❹ ⑤		❺ ④		❻ ④	
❼ ①		❽ ⑤		❾ ②	
❿ ③		⑪ ⑪		⑫ ⑭	
⑬ ③		⑭ ④		⑮ ⑦	
⑯ ③		⑰ ①		⑱ ⑤	
⑲ ④		⑳ ②			

뜻과 음에 알맞게 한자를 완성해 보세요.

❶ 族 ❷ 畫 ❸ 特
❹ 親 ❺ 號 ❻ 黃

한자어에 알맞은 뜻을 찾아 연결해 보세요.

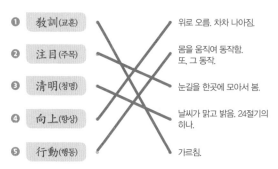

	한자어		뜻
❶	教訓(교훈)		위로 오름. 차차 나아짐.
❷	注目(주목)		몸을 움직여 동작함. 또, 그 동작.
❸	清明(청명)		눈길을 한곳에 모아서 봄.
❹	向上(향상)		날씨가 맑고 밝음. 24절기의 하나.
❺	行動(행동)		가르침.

찾아보기

찾아보기

가장 쉬운
초등한자 따라쓰기 하루 한 장의 기적

초판 10쇄 2024년 2월 1일 | **발행인** 김태웅 | **마케팅** 나재승 | **제작** 현대순 | **편집** 양정화 | **디자인** 남은혜

발행처 (주)동양북스 | **등록** 제 2014-000055호 | **주소** 서울시 마포구 동교로22길 14 (04030) | **구입문의** | **전화** (02)337-1737 **팩스** (02)334-6624

내용문의 | **전화** (02)337-1763 dybooks2@gmail.com

ISBN 979-11-5768-400-7 63700